Kierkegaard

| 일러두기 |

이 책은 영역본으로 Søren Kierkegaard, *For Self-Examination/Judge For Yourself* tr. Howard V. Hong and Edna H. Hong, Princeton: Princeton University Press, 1990.을 번역하면서, 1944년에 번역한 Walter Lowrie의 책을 참조하였다. 부언한다면, 만연체의 문장을 단문으로, 같은 단어라도 문장에 따라 의역했으며, 지시 대명사를 구체적으로 표현하려고 하는 등 가능한 한 독자들이 알기 쉽도록 번역하였다.

키 에 르 케 고 어 의
스스로 판단하라

Kierkegaard

쇠얀 키에르케고어 지음 | 이창우 옮김

샘솟는
기쁨

책머리에

확신을 가지고
홀로 읽으라

이 세계에서 기만당할 수 있다는 것을 잘 알고 있다. 이것을 잘 알고 있기 때문에 이 글을 전하는 데에 대한 불안감이 있을 수 있다. 그런데 나는 왜 어떠한 불안감도 없는가? 나는 이 세계와 아무 상관이 없기 때문이다. 오직 단독자에게, 한 사람에게, 혹은 개인으로서의 모든 사람에게 말을 걸고 있다.

"하나님이여, 원하옵기는 많은 사람이 읽더라도 그들이 각 개인으로서 읽게 하소서."

내가 글을 쓴 의도대로 읽고자 한다면 확신을 가진 채 문을 잠그고 홀로 읽으라. 내가 독자를 부끄럽게 하려고 했거나, 독자 아닌 다른 사람에게 말하려고 하지 않았다. 절대 그러지 않았다. 이것은 진실하다. 오직 나 자신만 생각했기 때문이다. 이 글을 읽는 사람 역시 자기자신 외에 다른 사람을 전혀 고려하지 않고 읽는다면, 그가 이 글을 읽으면서 나에게 화를 낼 것에 대해 두려워할 필요가 없을 것이다.

이 글을 읽는 이가 단독자가 되기를 바라고, 단독자가 된다는 것은 어떤 의미일까? 이는 양심 있는 사람을 뜻하며, 그에게 양심이 있기를 바란다. 누군가 그에게 진실을 전하고자 하는데, 왜 양심 있는 사람이 화를 내겠는가. 화가 난다면 정반대의 경우여야 할 것이다.

그 다음에 자신에게 이렇게 질문하라. 사람을 이성적 존재로 대우할 뿐만 아니라 문제의 진실을 말할 줄 아는 양심 있는 사람으로 대우하는 것이 모욕인가?

나는 교만하고 영리한 자가 다른 사람을 대하면서, 진리를 알게 될까 봐 참을 수 없어 하는 어린아이처럼 취급하는 것을 '모욕'이라고 생각한다. 혹은 그에게 아첨을 하기만 하면 그가 어떤 것이든 믿는 바보로 취급하는 것을 '모욕'이라고 생각한다. 누군가를 속이기 위해 진리를 숨기는 것은, 이런 식으로 취급당한 자에게는 모욕이다. 그리고 기만당한 사람이 기만 속에서 평안하다면, 그때가 가장 심한 모욕을 당하고 있는 것이다.

사랑하는 독자여, 가능하다면 이 글을 큰소리로 읽으라. 그렇게 한다면 감사하다. 그 뿐만 아니라 다른 사람도 그렇게 읽도록 말해 준다면 그들에게도 감사한다. 그리고 다시 당신께 감사드린다.

쇠얀 키에르케고어

CONTENTS

프롤로그

이 책의 출간이
미루어진 이유

키에르케고어는 저술 활동의 중단을 언급했다가, 두 번째 저술 활동이라고 부를 수 있는 저서들을 발표했다. '안티 클리마쿠스 Antiklimakus'라는 이름의 두 저서¹와 더불어 서명이 들어간 저서들이다. 특히 『자기 시험을 위하여』를 발표하고, 한참 지난 후에 〈자기 시험을 위하여〉라는 부제로 출판된 『스스로 판단하라²』에서 절정에 이른다. 이 책은 『스스로 판단하라』를 번역한 것이다.

이 시기에 저자의 글의 특징은 기독교를 적극적으로 변호했다는 점이다. 『자기 시험을 위하여』를 출판하기 직전에(1851년 9월), 두 권의 저서는 같은 날 출판되었다. 『저자로서 나의 관점』과 『금요일 성만

---

1 『죽음에 이르는 병』과 『그리스도교 훈련』.
2 눅 12:57, *Pap.* X⁶ B 19, 23:1-6, 24, 27, 28, 29:1-2.

찬에 두 개의 강화』(1851년 8월7일에 출판되었으나 1848-1849년과 1949년에 각각 쓰였음)이다. 이 저서에는 저술 활동을 중단하고자 하는 의도가 언급된다.[3]

『금요일 성만찬에 두 개의 강화』의 서문은 『후서』에 부가된 '첫 번째이자 마지막 설명'에 있는 마지막 몇 행이 글자 그대로 포함하고 있는 단락으로 시작한다.[4] 그가 저술 활동을 중단했다가 다시 쓰기를 반복한 이유는 나름대로 기독교를 변호하려는 의무감으로 보인다.[5]

『자기 시험을 위하여』와 『스스로 판단하라』는 선행 작업들과 연속성상에 있다. 『자기 시험을 위하여』의 목적과 말투는 과거로 거슬러 올라가 『그리스도교 훈련』과 연결된다. 그리스도교 훈련은 1년 전에 출판되었다(1850년 9월 25일). 『자기 시험을 위하여』는 암묵적인 선행 작업이었던 〈일깨움과 내적 성숙을 위하여 For Awakening and Inward

---

3 *On My Work as an Author, in The Point of View, KW* XXII(*SV* XIII 500). 「이것이냐 저것이냐」의 두 번째 판(1849년 5월 14일)은 키에르케고어에게 있어 저술작업을 결론지을 또 다른 표시였다. 그는 한스 크리스천 앤더슨의 *Only a Fiddler in From the Papers of One Still Living*(1836)과 그의 박사논문, *The Concept of Irony, with Continual Reference to Socrates*(1840)을 적합한 저술활동의 부분으로 고려하지 않았다.

4 *Concluding Unscientific Postscript to Philosophical Fragments, KW* XII(*SV* VII[548-9]). *Two Discourses at the Communion on Friday, in Without Authority, KW* XVIII(*SV* XII 267). 다음과 같다: 『이것이냐 저것이냐』와 함께 시작했고 한 걸음 한 걸음 진행시켜 왔던 저술 작업은 여기 단 아래에서 결정적인 쉼의 자리를 구한다. 여기에서 저자는 개인적으로 자신의 불완전함과 죄를 가장 잘 깨닫기에, 확실히 자신을 진리의 증인으로 부르지도 못하고 단지 하나의 시인과 사상가로 여길 뿐이다. 이 사상가는 "아무런 권위도 없고" 그가 가져온 어떤 사상도 없다. 다만 그는 "다시 한 번 홀로, 가능하다면 조금 더 내적인 방법으로, 개인의 인간적 실존관계의 원래의 본문, 조상들로부터 물려받은 오래되고 익숙한 본문을 읽기를" 바란다.(결론의 후서에서 나의 후기를 보라.)

5 *JP* V 6770 (*Pap.* X[6] B 4:3).

Deepening》⁶와 그 의도와 본질을 공유한다. 이것은 또한『그리스도교 훈련』뿐만 아니라 여기에 함의된 비판의 높은 이상도 공유한다.⁷ 그러므로 관심이 있는 독자는『스스로 판단하라』뿐만 아니라 선행 작업으로 출판된 저서들을 모두 읽기를 권한다.

『자기 시험을 위하여』의 퇴고 원고 말미에, 키에르케고어가 주교 뮌스터Mynster로 상징된 기독교의 문화적 수용을 간주하는 것에 대해 명백한 비판으로 보이는 어떤 암시가 있다.⁸

키에르케고어는 개인적으로 주교를 존경했다.⁹ 최종본에서, 적합한 본문의 결론(끝맺는 기도 바로 전에)은 부분적으로 수정하여 완화되고 마침내 삭제되었다가 다시 부가되었다. 결론부의 반복된 수정과 삭제는 국교회에 대한 직접적 비판의 자제, 그가『스스로 판단하라』에서 깊이 자제하고, 여전히 1855년에 출판한『순간』에도 자제한 흔적을 발견할 수 있다.

키에르케고어가『스스로 판단하라』원고를 써 놓고 출판하지 못한 이유는 국교회를 비판하는 내용이 많이 포함되어 있었고, 게다가 뮌

---

6 *Practice, KW* XX (*SV* XII ix).

7 Ibid. (xi). 또한 다음을 보라. *JP* II 1482 (*Pap.* X³ A 784). 다음과 같다: 1848에 비롯된 이 책에서, 그리스도인이 되기 위한 요구조건은 가명의 저자에 의해 최고의 이상까지 강화되었다. 그러나 요구조건은 진실로 언급되어야 하며, 제시되어야 하고, 들려져야 한다. 기독교의 관점으로 볼 때, 인격적인 인정과 고백 대신에, 요구조건에 대한 어떤 축소도 있지 말아야 하며, 그것에 대한 억압도 있지 말아야 한다. 내가 은혜에 의지하는 법을 배울 뿐만 아니라 은혜의 사용과 관련하여 그것에 의지하는 법을 배우기 위해서 요구조건은 들려져야 한다. 그리고 나는 나에게 홀로 말한 대로 사람들이 말한 것을 이해한다.

8 *Pap.* IX A 81; X³ A 588; X⁴ A 554.

9 Søren Kierkegaard, *For Self-Examination,* p. 21, *Pap.* IX A 85; X³ A 565; X⁴ A 228, 285.

스터 주교와 관련된 내용이 있었기 때문이다. 그는 뮌스터 주교가 '시대의 요구'에 맞는 기독교의 적용이었다고 고백하기를 바랐을 것이다. 아마 이것이 1852년에 『자기 시험을 위하여』의 후속편으로 출판하지 않고 연기한 이유이다.[10]

---

10 *Pap*. X³ A 550; X⁴ A 358-59, 367, 511.

01

베드로전서
4장 7절에 관한 변증

S ø r e n   K i e r k e g a a r d

"그러므로 술 깨라!"_베드로전서 4장 7절

———

하늘에 계신 아버지! 하나님은 성령이십니다.
하나님을 예배하기를 바라는 자들은 영과 진리로 예배해야만 합니다.(요4:24, 갈4:6) 그러
나 우리가 무엇보다 술 깨기 위해 분투하지 않는다면,
영과 진리는 어떻게 되겠습니까! 그때, 우리의 심령에 성령을 보내주소서.
오, 우리는 자주 용기와 생명과 능력과 힘을 가져오시도록 성령님을 부릅니다.
무엇보다 성령님이 우리로 하여금 술 깨게 하소서!
진실로 이것이 다른 모든 것들을 위한 조건이요,
우리에게 유익이 되기 위한 조건이기 때문입니다.

———

사도들이 처음으로 성령 충만하여 오순절에 앞으로 나왔을 때, "모든 사람이 놀라 당황하여 말했다. '이것이 어찌된 일인가?' 그러나 다른 사람들은 '그들은 새술에 취했다'라고 조롱하여 말했다."(행 2:12-13)

그러므로 어떤 사람도 여기에서 무슨 일이 일어났는지 감히 설명할 수 없었다. 경악과 의심은 모든 사람들을 사로잡았다. 오직 조롱꾼만이 설명하려고 했다. 즉, 그들에 의하면 사도들은 술에 취했고, 그날 일찍 술에 취해 다음날 아침 9시까지 취해 있었다. 이것이 그들의 설명이었다.

그러나 이 설명은 부적합했다. 이상하게도 사도들이 이런 식으로 아침에만 술에 취해 있었던 것이 아니기 때문이다. 그들이 술에 취해 있었다면 저녁에도 술에 취해 있었고, 그들이 술에 취해 있었다면 그 날 아침뿐만 아니라 그 다음날 아침에도 술에 취해 있었다. 그리고 한 달 후에도 술에 취해 있고, 20년 후에도 술에 취해 있고, 죽음의 순간 조차 새 술에 취해 있었다.

그런데 조롱꾼들의 말에 의하면, 사도들은 그날 아침에만 술에 취해 있었던 것이 틀림없다. 그렇지 않다면 오순절의 사건은 설명될 수 없다. 오, 조롱꾼들의 심오한 조롱이여! 어느 것이나 똑같이, 이 또한 세상과 기독교는 정반대의 개념을 가지고 있었던 것이 분명하다. 세상은 사도들에게, 그들의 대변인이었던 사도 베드로에게 "술에 취했어"라고 말하고, 사도 베드로는 세상을 향해 "그러므로 술 깨라"[11]고 훈계한다. 결과적으로 세속주의는 기독교가 술 취했다고drunkenness 생각하고 기독교는 세속주의가 술 취했다고 생각한다.

"합리적이 되라. 정신 차리라. 술을 깨라!"

세속주의는 그리스도인을 이렇게 조롱한다. 그러나 그리스도인은 세속주의에게 말한다.

---

11 벧전 1:13. 개역개정본의 "정신을 차리고"는 헬라어 원어로 "νηψατε"으로 "술깨다(sober)"는 의미이다. *Pap.* X⁶ B 25: 술깨기의 본문에서는 아래의 글만 나와야 한다: 그러므로 술깨라. 부활절 이후 여섯 번째 주일을 위한 서신서(Epistle)는 괄호 안에 있어야 한다. 결과적으로 "이 서신서는 쓰였다."와 같은 예배식 책(the service book)의 형태는 사용되지 말아야 한다. 그러나 베드로의 구절, 베드로전서 4장 7절은 인용해야 한다.

"합리적이 되라. 정신 차리라. 술을 깨라!"

세속주의와 기독교의 차이는 <u>한 쪽은 한 관점을 갖고, 다른 쪽은 다른 관점을 갖는다는 데 있지 않다. 그 차이는 그들이 정반대의 관점을 가진다는 것이다.</u> 한 쪽이 선이라고 부르는 것을 다른 한 쪽에서는 악이라고 부르고, 한 쪽이 사랑이라고 부르는 것을 다른 쪽에서는 이기심이라고 부르고, 한 쪽이 경건이라고 부르는 것을 다른 쪽에서는 불경건impiety이라고 부르고, 한 쪽에서는 술에 취했다고 부르는 것을 다른 쪽에서는 깨어 있다고 부른다. 술 깬 세상에(내가 가정하기에) "술 깨라!"는 충고를 뼈저리게 느끼게 한 사람은 분명히 사도인 술 취한 자들이었다.

의도했던 대로, 바로 이 훈계가 냉혈한 세속주의에 심각하게 상처를 줄 수 있다. 냉혈한 세속주의는 일반적으로 쉽게 상처를 받거나 창피를 당하는 일이 없다. 확실히 이 세속주의는 굉장한 것을 잘 참을 수 있고, 또 그에 대한 이런저런 말을 잘 견딜 수 있다. 그러나 술에 취했다고 부르는 것은 참지 못한다. 세속주의가 말한다.

"나는 사실만을 고수한다. 나는 광신도도 아니고 몽상가도 아니고 바보도 아니야. 술에 취하지 않았을 뿐더러 미치지도 않았다고. 나는 사실만을 고수한다. 아무것도 믿지 않아. 내가 느끼고 만질 수 있는 것을 제외하고는 아무것도 믿지 않는다고. 어떤 사람도 믿지 않아. 내 아이도, 아내도, 가장 친한 친구도 믿지 않아. 나는 입증될 수 있는 것만을 믿어. 그렇기 때문에 나는 사실만을 고수한다.

나는 사실만을 고수하고, 그러므로 내세와 영원에 대한 이 모든 호언장담과는 눈곱만큼도 관련이 없다. 설교자들을 잔뜩 채워 넣었던 모든 것들로 인해 여자들, 아이들, 그리고 얼간이들이 믿게 된 것도 다 충분한 이유가 있지. 사람은 그가 소유한 것을 알고 있지만 그가 무엇을 얻을 수 있는지는 알지 못하거든. 나는 이것을 고수한다.

나는 사실만을 고수한다. 그러므로 사랑이라는 이름으로 야단법석을 떠는 그런 게임을 하지 않는다. 아니, 그 누구도 사랑하지 않는다. 아, 그러나 잠깐만 기다려 보라. 내가 사랑하는 한 사람이 있다. 나 자신보다 그를 더 사랑한다고 말하지 않는다. 그것은 매우 미친 짓이고 나는 그렇게 미치지 않았다. 그러나 그를 사랑할 뿐만 아니라 나 자신도 사랑한다. 즉, 그것은 나 자신이다. 나는 그를 사랑한다. 이것은 사실이다.

나는 사실만을 고수한다. 나를 자기만 사랑하고 비정하고 믿음이 없고 허접하다고 여기라. 그 문제에 대하여, 나를 건달, 악당이라고 생각하라. 그런 것들이 나를 결코 방해하지 못한다. 왜냐하면 사실만을 고수하기 때문이다. 내 생각에, 순간적으로 나를 방해하는 오직 한 가지는 누군가 내가 술에 취했다고 말할 만한 개념이 있는지에 달려 있다. 나는 가장 차갑고 가장 조용하고 가장 분명한 상식을 가지고 있는데."

그러나 사도는 말한다.

"술 깨라. 당신은 술에 취했다. 불행한 자여, 당신이 자신을 볼 수만 있다면 두려워 떨 것이다. 술에 취한 자를 역겨워하면서 그가 인간 같

지 않다고 할 때, 당신이 그와 닮았다는 것을 볼 것이기 때문이다. 당
신은 그 정도로 술에 취했다."

이것이 세속주의와 기독교가 서로 관계하는 방식이다. 새 술에 취
했다고 말한 것이 오순절의 사도들에게만 해당되는 것이 아니다. 이
것은 진정한 그리스도인들에 대한 세계의 판단이었고, 판단이며, 판
단으로 남을 것이다.

그렇지만 기독교는 특별히 사도들이 오순절에 가장 고차원적인 의
미에서 술 깬 순전한 정신을 가졌다고 생각한다. 그리고 기독교는 특별
히 진정한 그리스도인은 술 깨어 있고, 반대로 그리스도인으로서 성숙
하지 않을수록 누구든지 그 사람은 더 술 취한 상태에 가깝다고 생각
한다. 기독교는 성령이 사람에게 미치는 첫 번째 영향은 '술 깨기'라고
생각한다. 다시 말해, 기독교적인 모든 것은 중복 또는 배가redoubling,
Fordoblelse된다.[12] 혹은 인간적 혹은 세속적 관점에서 사물은 본질 자체
인 반면, 진정한 그리스도인의 자격은 무엇보다 정반대이다.

그러므로 인간적인 관점에서, 주는 영은 생명을 주는 영이고 다른
아무것도 없다. 기독교적인 관점에서, 무엇보다 죽이는 것은 성령이
고 성령님은 죽는 것을 가르친다. 인간적인 관점에서 숭고elevation는
숭고일 뿐이고 다른 아무것도 없다.

12　배가 혹은 중복. 키에르케고어의 중요한 사상 중의 하나. Søren Kierkegaard, 『사랑의 역사』 임춘갑 역 (다
　　산글방, 2005), 479~483쪽.

기독교적인 관점에서 그것은 무엇보다 굴욕humiliation이다. 영감inspi
-ration에서도 마찬가지이다. 인간적인 관점에서 그것은 영감이다. 기
독교적인 관점에서 영감은 무엇보다 술을 깨는 것이다. 이제 이것에
대하여, 술 깨기에 대하여 말해야 한다.

관점의 차이

영적으로 술 깬 것과 술 취한 것을 인간적인 방법으로 구별할 때,
술 깨었다는 것은 분별sensibleness, 상식levelheadedness, 현명sagacity 등이며,
이에 반하는 술 취해 있다는 것intoxication은 열정enthusiasm, 모험venturing,
확률을 포기하는 모험[13]이다. 술 깬 자인 분별 있는 자, 상식 있는 자,
현명한 자는 모험하는 자를 술 취했다고 간주하면서 그들을 조롱하
고 그들의 유혹에 넘어가지 말라고 경고한다.

어떤 의미에서 그들은 기독교의 관점에서 볼 때도 옳을 수 있다. 왜
냐하면 기독교는 모든 열정과 모든 모험을 추천하는 일과는 아무런
관련이 없으니까. 그리고 그리스도께서도 제자들에게 '모든 것을 버
리고 나를 따르라', '가난한 자들에게 모든 것을 주라', 심지어 '죽은
아버지도 장사하지 말라'고 하셨지만, "누군가 망대를 세우고자 할

---

13 타락한 기독교 세계에 의하면, 일종의 광기(madness).

때, 그는 자기의 가진 것으로 망대를 준공하기에 충분한지 먼저 앉아 그 비용을 계산한다"고 선포하신다.[14] (이것은 그리스도께서 모든 사람에게 무조건적으로 당신의 제자가 되도록 요구하신 것이 아니라는 것을 함의한다.) 따라서 기독교 또한, 터무니없는 것이 모험이며, 삼가야 할 것은 술 취함이라는 의견에 동의한다.

그러나 기독교가 분별 있는 자, 상식 있는 자, 현명한 자, 즉 소위 술 깬 자들의 의견에 정말로 동의하는 것일까? 아니, 그럴 수 없다. 그들 누구와도 의견을 같이 하지 않는다. 소위 술 깬 자들 사이에서도 사실 의견 차이가 존재하고, 어떤 자는 자아를 애지중지한 나머지 분별이나 상식, 현명함을 이용한다.

그리하여 그들은 도둑, 강도, 살인자와 간음하는 자(고전 6:9-10)뿐만 아니라 의지박약자(계 3:15-16)도 하나님 나라에 들어가지 못한다는 것을 망각한 채, 허접한 반인half-human beings, 半人이 된다. 아, 슬프다. 인간의 부류를 통계 조사하여 나눈다면 도둑, 강도, 살인자를 다 합친 숫자보다 의지박약자의 숫자가 훨씬 더 많을 텐데 말이다. 또한 그들에게 필요한 주의 사항이 훨씬 많을 것이다.

'어떤' 술 깬 자들이 이와 같으나 '다른' 술 깬 자들은 더 강한 의지력, 더 뜨거운 열정, 결정과 행동을 향해 더 깊이 갈망한다. 그들은 자신의 현명함과 상식을 다르게 이용한다. 더 큰 모험을 하려고 하고 위

14　막 10:21-28, 눅 9:59-60, 14:28.

험을 두려워하지 않는다.

그들에게 한 가지만은 확고하다. 바로 확률probability이다. 그들은 그것을 포기하지 않는다. 확률의 범위 안에서, 그들은 다른 어떤 것들보다 마음대로 처분할 수 있는 가능성을 가진다. 그들은 의지박약자에게 거절된 설명들을 확률로부터 강탈한다.(확률 또한 수줍고 보잘 것 없기 때문이다.) 그러나 한 가지만은 확고하다. 흔들리지 않는 확고함이다. 그들은 확률을 포기하지 않는다. 그들이 말하는, 확률을 포기하지 않는다는 것은 술 취한 것이다. 여기에서 기독교적인 것과 '무한한 차이'가 있다. 기독교적으로 확률을 포기하지 않는 자는 하나님과 관계가 없다. 기독교적인 것은 말할 것도 없고, 다른 종교적인 모험도 확률의 반대편에 있고 확률을 넘어서야 한다.

그렇다면 기독교적인 것은 어리석은 것인가? 분별력이 있는 사람이 옳은 것인가? 즉, 기독교적인 것은 취해 있는 것인가? 아니다. 인정하다시피, 확률을 포기하는 모험을 할 때 기독교적으로 모험을 하고 있다고 생각했던 많은 사람들이 있었다. 그러나 심지어 기독교의 관점에서 조차 그런 모험은 순진하고 단순한 바보짓이었던 것이다.

모험

기독교의 본질은 억제하는 특징이 있다. 이와는 달리 자신을 억제

할 만한 현명함이 없고, 이해력이나 상식이 없는 가벼운 자들이 있다. 확률을 포기하는 모험이 그들에게는 아주 쉽다. 이것은 기독교적이거나 단순하게 인간적이거나, 이 두 관점에서 볼 때 취해 있는 것이다.

이따금 그들은 하나님 앞에서 모험을 언급하거나 하나님을 의지하는 모험을 함으로써 문제를 바꿀 수 있다고 생각한다. 틀림없이 상황을 바꿀 수 있다. 그러나 조심스럽게 점검할 점은 이 모험이 하나님을 의지하는 모험인지를 알아보는 것이다.

하나님의 이름을 소원, 갈망, 그리고 계획과 연관시키는 것, 그것은 가벼운 자들에게는 쉽다. 그러나 이 모험이 하나님을 의지하는 것이라고 할 수 없다. 그럴 수 없다. 하나님을 의지하는 모험을 하기 위해 확률을 포기할 때, 확률을 포기한 결과를 홀로 인정해야 한다.

하나님을 의지하는 모험이 즉각적이고 확실한 성공을 제공하지 않는다. 모험하는 경우에 성공할 만큼 실패할 가능성 또한 높다. 모험하고 있는 가벼운 자들의 수상한 점은 반드시 승리해야만 한다고 이해하고 있다는 것이다. 이것은 하나님을 의지하는 모험이 아니다. 하나님을 망령되이 일컫는 것이다.

이것을 피할 수 있는 방법은, 하나님을 의지하는 모험을 위해 확률을 포기하는 모험을 한다면 파멸을 준비했다는 말을 듣는 편이 더 낫다고 깨닫는 것이다. 인간적으로 이해하자면, 이렇게 하는 것이 승리를 위해 길을 닦는 것이며, 영원한 승리를 거두는 방법이다.

보라, 이것이 기독교의 억제하는 능력이다. 이것은 하나님을 의지하는 모험을 피하게 하는 것이 아니라, 모험할 때 하나님을 망령되이 일컫는 것을 피하게 한다.

이를 깨달을 때까지 하나님을 의지하는 모험을 한 것이 아니다. 확률을 포기한 것이다. 이런 경우 굴복이 확실해probable 보인다. 당신이 확률을 포기했다면, 이 경우 그 정도의 패배defeat가 가장 그럴 듯하다 most probable. 그럼에도 불구하고 앞으로 나아가기를 원하며 하나님의 이름으로 모험한다.

그래, 행운이 당신을 따른 것이다!

그렇다면 승리를 얻기 위해 하나님께 간구한 것이 아니라, 선의의 목적을 위해, 하나님을 의지하는 모험을 위해, 하나님을 의지하는 모험을 위해, 패배하는 것을 견딜 수 있도록 하나님께 간구한 것이 맞는가? 당신은 하나님의 이해를 구한 것이 맞는가? (당신이 패배하는 것이 하나님을 기쁘시게 하더라도, 하나님 안에서는 모든 것이 가능하므로 승리가 불가능한 것은 아니다. 이 경우, 당신의 모험은 건방지다.) 이것이 기독교의 억제하는 능력이다.

이것은 끔찍하다. 어떤 살아 있는 사람도 죽은 자들의 왕국의 문을 지키고 있는 머리가 백 개 달린 괴물[15]을 몰래 통과하지 못했듯이, 어떤 새도 사해 위를 날아가지 못했듯이, 단순한 인간의 무모함이 이 끔

---

15 그리스 신화에서 저승을 지키는 머리가 셋인 개 케르베로스(Cerberus)와 머리가 아홉인 괴물 뱀 히드라 (Hydra). Paul Friedrich A. *Nitsch, neues mythologisches Worterbuch*, I–II, rev. Friedrich Gotthilf Klopfer (Leipig, Sorau; *ASKB* 1944–45), I, p. 486, p. 889.

찍한 이해를 슬쩍 통과하지 못한다.

이 죽음을 다루는 이해가 자기자신과 하나님을 의지하는 모험 사이를 지나가는 것을 주의하지 않았다면, 그때 하나님을 망령되이 일컫게 될 것이다. 대담한 모험은 무모함이다. 그 모험이 하나님께 의지하도록 만들었다고 한다면 상상이 빚어낸 허구이다.

기독교의 관점은, 기독교적인 모험이 확률을 포기하는 행위인 것은 확실하다. 그렇다고 비겁, 세속주의, 그리고 의지박약이 기독교를 일컫는 발견이 아니고, 허위도 아니다. 이런 식의 모험은 하나님을 시험하는 것도 아니다.

이 얼마나 혐오스러운 허위인가. 믿음의 영웅들, 진리의 증인이요 순교자들, 그리고 본보기에 대해 얼마나 비천한 중상모략인가. 그러나 그것은 항상 우리와 함께 있다! 우리가 면제되기 원하는 것은 '위험'이나 '노력'이고, 인간flesh and blood이 거부했던 모든 것이다.

그렇다. 인정의 형식에서in the form of an admission[16] 기독교는 관대하다. 이것을 주의하라. 즉, "인정의 형식에서" 말이다! 단독자[17]가 겸손하게 자신의 상태를 인정할 때 기독교는 그를 아껴둔다. 그가 겸손하게 자신의 상태를 인정할 때 기독교는 그를 이러한 기독교적 모험을 피하

---

16 Søren Kierkegaard, 『그리스도교 훈련』 임춘갑 역 (다산글방, 2005), 107-110쪽. "교훈" 참조.

17 키에르케고어의 가장 중요한 사상 중의 하나이다. 헤겔이 보편자를 강조했다면, 키에르케고어는 단독자이다. 여기에서 단독자는 하나님을 의지하는 모험을 하기 위해 결단하고 실천하는 그리스도인으로 이해하면 좋을 듯하다.

게 할 수 있다.

그러나 세속주의는 우리가 이것에 만족하지 못하게 한다. 세속주의는 오류와 불경건함impiety을 신조an article of faith로, 의무로, 교리로 그리고 진정한 기독교로 확립하기 전까지는 만족하지 않는다. 그래서 우리는 그때 진정한 기독교를 불경건함이라고 포기할 수 있다. 기독교 세계에서 진행되어 온 하나님을 시험하는 이야기는 세속적인 이야기와 동일하다. 나는 편안한 삶을 원하는 자이다. 나는 나 자신에게 관대하길 원하는 자이다. 그렇지만 나는 심지어 그것조차 인정하지 않을 것이다. 절대 아니다.

그래서 나는 기독교를 돌려놓고 말하기를, "확률의 경계를 넘어 모험하는 것은 하나님을 시험하는 것이다. 체! 기독교인인 내가, 감히 하나님을 시험하다니."라고 한다. 교활한 내가 그런 식으로 모든 노력에서 슬그머니 빠져나와 하나님을 두려워하는 그리스도인이 되기 위해 헐값으로 슬그머니 신뢰를 얻는다면, 나는 그것을 삼가야 하는 것이 아닌가.

아니, 아니, 그렇게는 아니다. 그것은 확고해야만 한다. 오, 나의 하나님, 이것이 확고히 설 수 있기 위해 내가 이것에 확고하도록 나를 붙드소서. 왜냐하면 이것은 확고해야만 하니까. 이것, 정확히 이것이 기독교이기 때문에.

확률을 포기하는 모험을 하기 위해 하나님을 의지하는 것, 그리고 기독교인이 되기를 바라면서 이것으로부터 면제받을 수 있는 단 하나의 방법은 겸손하게 자신을 인정하는 것이다. 이것은 확고해야 한다. 오, 나의 하나님, 이것이 확고히 설 수 있도록 하소서!

새롭게 한다

기독교가 간음, 살인, 도둑질, 그리고 사람을 더럽히는 다른 모든 것을 혐오하듯이, 다른 오염defilement도 잘 알고 있다. 즉, 비겁한 현명과 의지박약한 분별성, 확률에 매인 비열한 속박이다. 기독교적으로 이해할 때, 확률은 아마 가장 위험한 오염이다. 이것이 성서에서 강조되는 이유이다.

이 구절들은 결코 언급되지 않는다. 다만 그것은 강조된다. 왜냐하면 성서는 강도들과 도둑들, 그리고 간음하는 자들에 대하여 말하듯이, 같은 방식으로 겁쟁이들과 의지박약자들에 대하여 말하고 있기 때문이다.

성서는 정확하게 그들 모두에게 똑같이 말한다. 그들은 하나님의 나라를 유업으로 받지 못할 것이다.[18] 진실로, 기독교는 세계가 지속적으로 현명하게 행동하면서, 최고라고 여기며 존경하고 또 존경했던 것을 오염이라고 여기며 혐오하고 또 혐오한다.

---

18 고전 6:9-10, 15:50, 갈 5:21, 계 3:16.

그리고 기독교가 처음 나타날 때 우상을 혐오했듯이, 이 오염을 혐오한다. 오늘날 현명함sagacity에 대한 이런 신격화는 명백히 우리 시대의 우상이요, 기독교의 혐오이다. 그러나 선물과 재능으로 간주되고 있는 현명함을 기독교가 반대하고 있다는 것을 함의하는 것은 아니다. 그렇지 않다.

기독교는 현명하게 되는 것이 얼마나 어려운지, 현명하게 행동하기를 포기해야만 하는 것이 얼마나 어려운지에 대해 무지하지 않다. 오, 어렵도다! 악에 중독된 자가 완전히 벗어나는데 성공하기까지 보기 드물다. 현명함이 있고 그 현명한 눈으로 무엇이 가장 현명한 움직임인지, 무엇이 현명함의 기쁨인지를 알고 있는 매 순간에 현명하게 행동하는 것을 포기해야만 하는 것, 이것은 얼마나 훨씬 더 어려운가![19] 이것이 기독교의 본질이다.

기독교의 관점에서, 그의 당대에 가장 분별력 있는 자였다고 말할 수 있는 한 사람이 있었다면 그것은 고차원적인 찬양이었을 터이다. 어렵고 복잡한 사건을 맞닥뜨렸을 때 가장 현명한 충고를 바란다면, 그에게 가는 것이 헛된 노력이 아니라는 것을 누구나 안다. 결국 다른 누군가에게 가는 것이 헛된 노력이다.

그러나 자기 스스로 현명하게 행동하는 것에 대하여 말하자면, 그

---

19 이는 탄식이다. 키에르케고어는 현명함을 소유했고, 그가 너무나도 쉽게 몸을 맡겼던 현명한 상담가에 반대하여 행동하는 것이 얼마나 어려운지 이따금 불평해야 했다.

는 결코 그렇게 하지 못한다! 처녀의 순결함처럼 그런 순수함으로, 청소년의 겸손처럼 수줍어하는 겸손으로, 그는 현명하게 행동하는 것을 혐오한다. 그의 삶은 확률의 반대편에 있었고, 거기에 살았고, 거기에서 숨을 쉬었으며, 거기에서 하나님을 의지하며 모험했고. 그는 모든 자들 중에서 가장 분별력이 있는 자이다.

　이것이 기독교이다. 영적으로 이해할 때, 술 깬 것과 술 취한 것의 구별은 그 전체 관계가 뒤바뀌어야 한다.

　우리는 분별, 상식, 그리고 현명을 술 깬 것으로, 모험 그리고 확률을 포기하는 모험을 술 취한 것으로 보며 출발했다. 그러나 기독교는 모든 것을 새롭게 한다.(계 21:5)

　그러므로 또한 우리는 여기에 있다. 즉, 오순절에 사도들이 확률에 저항하며 단순히 하나님을 위한 도구가 되었을 때보다 더욱 술 깬 적이 없었듯이, 하나님을 의지하며 확률을 포기하는 모험을 하는 것은 명확히 기독교적으로 술 깨는 것을 의미한다. 오, 이 기독교적인 맨 정신sobriety이여!

　반면에 기독교적으로 이해할 때, 분별, 상식, 그리고 현명은 취기intoxication이다! 자, 새로운 것이란, 그것들이 비난받을 만한 많은 새로운 것이 있어서가 아니라 그것들이 취기라는 것이 새로운 것이니까. 그것이 그렇게 이상한가? 그것은 영원도 아니요, 하나님도 아니요, 하나님 앞에 있는 그대로 서는transparent 것도 아니다. 그것은 술 취하게 하는 것도 아니다. 그것이 어떻게 가능하겠는가! 분별, 상식, 그

리고 현명이 그럴 듯한 것the probable. 확률만 신봉하는 것처럼, 술 취하게
하는 음료는 항상 발효되어 혼합된다.

자, 이제 우리는 술 깨는 것에 대한 기독교적인 이야기를 진행시켜
그것이 무엇을 의미하는지 면밀하게 살펴보고자 한다.

술 깨기란?

자기지식 안에서 정신차려 자기자신이 되기 to come to oneself, 그
리고 무한히 무조건적으로 사로잡혀 engage, forpligtet 하나님 앞에서
무nothing 로서 그분 앞에서 정신 차리기. 이를 술 깬다고 할 수 있다.
그러나 자기자신에 대하여 무지한 채 살아가는 것, 혹은 자기자신
을 오해하는 것, 혹은 자신의 능력과 같은 것들에서 맹목적인 자신감
으로 모험하는 것은 정신 차리는 것이 아니다. 여기에서 단순하게 인
간적인 관점과 일치한다. 이것은 정신 차리는 것이 아니다. 오히려 술
취해 있는 것이다.
또한 친밀한 익숙한 대로 살아가기, 능력, 재능, 자격조건, 가능성에
대한 현명한 평가에 만족하면 살아가기, 삶의 지혜를 정통하게 초심
자에게 가르치며 살아가기, 이를 정신 차렸다고 하는 것일까? 단순하
게 인간적인 관점에 의하면 그렇다. 그러나 기독교의 관점에 의하면,

그렇지 않다. 그것은 정신 차리는 것이 아니니까. 그것은 자신에 이르는 것이 아니니까. 그것은 그럴 듯한 곳the probable. 확률에 이르게 하고 그 길에서는 어떤 발전도 없다.

확률에 이르는 길은 점점 더 술에 취하게 되는 길이다. 처음부터 점점 더 혼란에 빠지게 되고, 점점 더 발걸음이 무겁고 불안정하게 되는 길이다. 확률에 이른다는 것은 완전히 술 깼다는 착각 속에 있는 모든 것이다. 확률에서, 사람은 술을 마시고 깨지 못한다. 매우 피상적이고 인간적이고 세속적인 지혜에 의해 확률이 생긴다면, 그것의 취기는 덜 위험하다. 그러나 인간적이고 세속적인 지혜가 더 심오할수록, 말하자면 확률을 추출하도록 사용되는 그 지혜가 더욱 심오할수록, 그것의 취기는 더 위험하다.

확률은 자신 안에 선과 악의 익숙함을 공평하게 혼합한다. 이것들 중에 어떤 것은 명확하게 확률인 것처럼 보일지라도, 진실로 그것은 절대 명확하지 않다. 확률에 대하여 조사하고, 그것을 고수하기 위해 확률에 대해서만 알아보는 사람은 무엇이 옳고 그른지, 무엇이 선이고 악인지, 무엇이 참이고 거짓인지 묻지 않는다. 그는 어떤 것이 확률인지 공평하게 묻는다.

그래서 나는 그것을 믿을 수 있다. 그것의 참 거짓 여부는 아무래도 좋다. 적어도 별로 중요하지 않다. 그는 공평하게 어떤 것이 확률인지 묻는다. 그래서 나는 그것을 채택할 수 있고 그 편에 선다. 그것이 악인지 오류인지는 아무래도 좋다. 적어도 별로 중요하지 않다. 그것이

확률이기만 하다면, 혹은 힘을 실을 수 있는 확률을 제공하는 무엇이
기만 하다면 좋다.

확률에 대한 익숙함, 그것이 더 심오할수록 더 심오한 의미에서 자
신과 더욱 가까워지게 하는 것이 아니라 더 깊은 자기deeper self[20]로부터
점점 더 멀어지게 한다. 그리고 이기심의 의미에서만 점점 더 자신과
가깝게 인도한다. 단순한 인간적 관점은 이것을 술이 깼다고 여기며,
기독교는 이것을 취기라고 여긴다.

자기지식에서 정신차려 자기자신이 되기

자기지식에서이다. 다른 지식에서 당신은 자기자신으로부터 멀리
있다. 다른 지식에서 당신은 자기자신을 망각한다. 당신은 자신에게
서 부재 상태에 있다. 그러나 정확히 단순한 인간적 관점은 이것을 술
깼다고 여긴다. 자신을 망각한다는 것, 자기자신에 이르지 않는 것, 그
러나 앎에서, 이해에서, 생각에서, 예술적 작품 활동 등에서 자기자신
을 상실함으로써 자신으로부터 멀어지는 것. 명확히 이것을 술 깬 것
으로 여긴다.

기독교 관점에서 이것은 취기이다. 진실로 그렇지 않은가? 강한 술
에 중독된 자에게 자신을 망각했다고 말하지 않는가? 자기자신 혹은

---

20 "하나님을 필요로 하는 것이 인간의 가장 고차원적인 완전성이다." *Eighteen Discourses, KW* V(*SV* V 95–
    100).

그를 익사시키고 있다고 말하지 않는가? 그리고 그가 그것에 완전히 성공한다면, 완전히 그 자신을 제거한다면, 그때는 "자, 그는 실제로 술 깼어."라고 말하지 않는다. 아니, 그 반대로 말한다.

　이것은 지식에서도 마찬가지이다. 사람을 완전히 자기자신에 이르게 하는(정신 차리게 하는) 오직 한 종류의 앎이 있다. 자기지식이다. 이것은 술 깨는 것, 순전한 투명성sheer transparency을 의미한다.

　그렇지만 단순한 인간적 관점은 자기지식을 취기라고 생각한다. 그것은 술 취함이 생산하는 것, 즉 현기증dizziness을 생산한다고 생각한다. 그러나 그렇지 않다. 사람은 강한 술에 의해 자신을 망각했을 때, 명확히 육체적으로 현기증을 느끼게 된다. 그리고 다른 종류의 앎에서 자기자신을 상실했을 때 영적으로 현기증을 느끼게 된다. 혹은 객관적인 앎에서 현기증을 느끼게 된다.

　그를 불러 보라. 그러면 당신은 그가 꿈에서 깨어나는 것 같다는 것을 알게 될 것이다. 말하자면 술 취한 사람처럼 그는 눈을 비비고 마음을 가라앉히고 자신의 이름을 기억해야만 한다.

　자기지식에서, 하나님 앞에서 정신차려 자기자신이 되기

　자기지식이 하나님 앞에서 자기자신을 아는 데에 이르게 하지 못한다면, 그때 단순한 인간적 자기관찰이 말하는 무엇이 있다. 말하자면, 이 자기지식은 현기증을 생산하는 어떤 공허함을 초래한다. 오직 하나님 앞에 있을 때만이 사람은 술 깸의 투명성 상태 안에서 완전히

정신 차리게 된다(자기자신에 이르게 된다). 단순한 인간적 관점은
반대로 생각한다. 하나님과 관계함, 무한자와 관계함, 이것이 취기라
는 것보다 더 확실한 것은 아무것도 없다.

배에서 파도를 응시하고 있는 사람이, 혹은 높은 곳에서 저 깊은 아
래를 응시하고 있는 사람이, 혹은 낮은 곳에서 아무것도 시선을 제한
하지 않는 무한한 공간을 응시하는 사람이, 하나님과 관계하고 있는
사람이 현기증을 느끼는 것처럼 현기증을 느끼게 될 것인지는 그렇
게 확실하지 않다. 아마도 그럴 수도 있을 것 같다.

그러나 기독교의 관점에 의하면 이것은 정반대이다. 명확히 이것
은 완전히 술 깨기 위한 길(방법)이다. 그러므로 더 약한 무엇에 술 취
하던 자를 술 깨게 하기 위해 더 강한 무엇이 사용된다. 물론 술 깨게
하는 무엇을 끔찍하게 잘못 사용한다면 오히려 이것이 취기에 사용
될 수 있음에도 그렇다.

자기지식과 하나님 앞에서 무로서 정신차려
자기자신이 되기

단순한 인간적 관점에서 대단한 사람이 된다becoming something는 것
은 술 깨기 위한 길이라고 생각한다. 기독교는 하나님 앞에서 무nothing
가 되는 것, 명확히 이것이 길이라고 생각한다. 하나님 앞에서 대단한
사람이 되기 원하는 것, 누군가에게 이런 생각이 떠오르게 되면, 그것
은 취기이다. 혹은 그것은 술 깨게 하는 더 강한 것을 오용하기 원하

는 것이다. 그러나 무가 되는 것이 술 깨는 것이다.

> 하나님 앞에서 아무것도 아니며,
> 그럼에도 무한히 무조건 사로잡히기

단순한 인간적 관점은 반대로 생각한다. 즉, 술 깨는 것은 특별히 모든 것을 절제함으로써, 모든 것에서 '어느 정도' 술 깬 상태를 지키는 것으로 나타난다. 의무도 마찬가지이다. 무조건적인 존재에 굴복하는 것, 암시하듯이 그 존재에 무조건적으로 굴복하는 것은 멍청이가 되는 확실한 길이며, 취기 혹은 광기에 이르는 확실한 길이다.

기독교는 완전히 무조건적인 힘에 순복할 때, 그가 술에서 완전히 깰 수 있도록 돕는 것은 무조건적인 것, 그것만이 무조건적인 것의 충격이나 영향이라고 생각한다. 그렇지 않다면 무조건적인 것의 충격을 느끼지 못한다. 또한 기독교가 사람을 마비시키고 술 취하게 하는 것은 분명히 '어느 정도'라고 생각한다. 술기운에 배회한다고 말하는 알콜 중독자처럼 무겁게, 졸리게, 느릿느릿하게, 무감각하게 만든다. 그러므로 무조건적인 존재는 완전히 술 깨게 할 수 있는 오직 한 가지라는 것, 이것은 정말 사실이다.

이를 비유적으로 설명하고자 한다. 내 말이 진정성있게 보이지 않더라도 방해받지 말라. 하지만 좀 더 진정성있게 느끼도록 예를 든다.

"마부는 왜 채찍을 사용하는가?"

당신이 이탄채굴자peatman, 마부, 기수, 마차업자에게 이와 같이 물으면, 그들 모두에게 같은 대답을 듣게 될 것이다.

"물론 말을 움직이게 하기 위해서지요."

왜 채찍을 사용하는지 왕실 마부에게 물어보라. 그러면 이런 대답을 들을 것이다.

"주로 말을 가만히 있게 할 때 사용합니다."

이것은 말을 단순히 모는 것과 잘 모는 것의 차이이다.

계속하자. 왕실 마부가 어떻게 처신하는지 본 적이 있는가? 없었다면 설명해 보겠다. 그는 말의 높은 박스 위에 앉는다. 그가 높게 앉았기 때문에 더욱 말을 자신의 통제 아래 둘 수 있다.

그러나 그는 그렇다고 생각하지 않는다. 자신의 자리에서 일어선 다음, 건장한 팔에 온 힘을 집중하여 채찍을 들어 올린다. 이제 그는 채찍을 한 번 날린다. 이것은 끔찍하다. 일반적으로 채찍질 한 번이면 충분하다. 가끔 말이 필사적으로 날뛸 수 있다. 그때 한 번 더 채찍질을 한다. 이제 충분하다. 그리고 나서 왕실 마부는 앉는다.

말의 입장이라면? 먼저 전율shudder이 말의 몸을 휘감는다. 이 사납고 힘이 넘치는 동물은 다리로 설 수 없을 것처럼 보인다. 이것은 첫 인상이다. 충격은 그 고통에 있다기보다 마부가 온 힘을 다해 채찍질을 했다는 데 있다. 그 채찍질에 놀랐다.

이런 행동은 왕실 마부만이 할 수 있다. 그러므로 말은 고통보다 다른 무엇인가를 깨닫는다. 누가 채찍을 휘두르는가를 말이다. 말의 전율은 차츰 가라앉고 약한 떨림만 남아 있다. 그러나 말의 근육과 근육의 모든 조직은 여전히 떨고 있는 것 같다.

자, 이제 끝났고, 말은 가만히 있고, 무조건 가만히 있다. 무슨 일이 일어났는가? 무조건적인 존재에 대한 인상을 받은 것이다. 그래서 말은 무조건 가만히 있다. 왕실 마부가 몰던 말이 가만히 있다는 것은, 마차를 끄는 말이 가만히 있는 것과는 전혀 다른 문제이다. 후자의 가만히 있다는 것은 단지 수단이며 어떤 기술이 아니다. 말은 그저 움직이지 않는 것이다. 그러나 전자의 가만히 있다는 것은 어떤 행동이자 노력이다. 이것이 말의 가장 위대한 기술이듯이, 가장 위대한 행동이다. 말은 무조건 가만히 있게 된다.

어떤 삶인가?

무조건적으로 가만히 있다는 것, 이것을 어떻게 서술해야 한단 말인가? 이를 대변할 수 있는 다른 예를 보자.

일반적인 '바람이 없는 날씨still weather'에 대하여 말하고자 한다. 약간 바람이 불 수도 있지만 그것 조차 '바람이 없는 날씨'라고 부른다.

그러나 다른 느낌의 고요stillness를 알지 못하는가? 폭풍이 오기 전의 가끔 그런 고요, 상당히 다른 느낌의 고요가 있다. 잎사귀 하나 흔들리지 않고 바람 한 점도 없다. 자연이 가만히 있는 듯하다. 그럼에도 인식 불가능한 작은 흔들림이 전부 휘감는다.

이런 인식 불가능한 작은 흔들림의 무조건적인 고요는 무엇을 의미하는가? 이것은 무조건적인 존재, 곧 폭풍을 예고하고 있음을 의미한다. 말의 무조건적인 행동, 그 고요는 무조건적인 존재에 대한 인상impression을 받은 후에 왔다.

그 고요는 지금 논의하고 있던 바로 그것이다. 즉, 무조건적인 존재에 대한 느낌이 술을 깨게 하는 것이다. 말하자면 완전히 술 깨게 하며, 또한 깨어 있게 한다(성경 본문에서 사도가 명확히 덧붙인 말씀).

그처럼 무조건적인 존재에 대한 느낌이 필요한 젊은 말이 있다. 또한 늙은 말도 있는데, 나이에 비해 현명했던, 자신의 관점에서는 술이 깬 말이다. 그 말은 어느 정도, 물론 가만히 있어야 한다고 생각한다. 그것은 단순히 무조건적으로 가만히 있는 것이 아니다. 조금 더 자신을 편안하게 만드는 것이다. '무조건적'이라는 의미에서 가만히 있다는 것이 몹시 힘들기 때문이다.

어떤 경우에도 왕실 마부는 늙은 말에게 동의하지 않는다. 그는 무조건적인 존재에 대한 인상을 관리한다. 바로 이것이 왕실 마부가 늘 하는 일이다. 말을 몰기만 할 때는 채찍질 소리가 없다. 마차를 끄는 마부나 이탄채굴자의 채찍에서 어떤 소리도 나지 않는다. 이때 채찍을 휘두르는 것은 사치이다. 그 대신 손잡이로 말을 때린다.

그러나 상류층을 모시는 마부는 채찍을 딱 소리나게 휘두르는데, 특히 신사를 모실 때 반드시 채찍을 휘두른다. 그가 가만히 앉아 있을 때에도 채찍을 휘두르면서 말을 만진다. 자신의 기술을 자랑하려는 것이다. 그는 무조건적인 존재를 표현하는 것은 아니다.

그렇지만 왕실 마부는 딱 소리 나게 채찍을 휘두르지 않는다. 무조건적인 존재만을 표현한다. 폐하가 순간적으로라도 마차를 타고 있다고 인식하지 말아야 한다. 왕실 마부는 절대적으로 고요한 상태를 유지한다.

그는 집에 도착하고 비로소 고삐를 놓는다. 말을 즉시 '그'가 자신을 몰지 않을 것이라고 알아차린다. 말을 사육하는 몇몇 사람several grooms이 다가오고 이제야 무조건적인 것은 끝난다.

그 상황이 되어야 사람도 고요해지거나 편안해진다. 그러나 엄밀히 완전히 자기자신이 된 것이 아니며 완전히 술이 깬 것도 아니다. 무조건적인 것은 이렇게 끝이 난다.

오직 무조건적인 존재만이 완전히 술 깨게 한다. 그러나 항상 술 깨지 못했는가? 항상 무조건적인 존재에 대한 느낌, 무조건적인 존재에 대해 무조건적인 느낌을 받지 못했는가? 무엇이 기독교인가? 기독교는 무조건적인 것이다. 진실로 그리스도인이다! 그리고 기독교의 선포는 무엇인가? 무조건적인 존재에 대한 선포이다.

우리에게는 천 명의 목사가 있다! 어떤 사람의 삶이 무조건적인 존재에 대한 무조건적인 느낌을 표현하거나, 완전히 술 깨어 있었다는 것을 감히 말할 수 있는 어떤 사람도 본 적이 없다. (내가 감히 나 자신에게조차 말할 수 없는 무엇이다.)

슬프다. 우리 모두는 어느 정도, 대략, 이 술 취하게 하는 것intoxicant,

이 '어느 정도'에 중독되어 있다. 알콜 중독자들처럼 어떤 사람은 개방적으로 술을 마시고 그것을 숨기기 위해 노력하지 않는 반면, 가장 나쁜 사람들은 비밀리에 술을 마신다는 차이만 있을 뿐이다.

마찬가지로 그들의 삶이 '어느 정도'만 표현하고 있다는 것을 직접 고백하는 몇몇 사람들이 있다. 그들의 기독교는 진정한 기독교가 아니다. 이와는 또 다른 부류는 자신들의 삶이 '어느 정도'만 표현하고 있으면서 스스로 진정한 그리스도인이고, 자신들의 기독교가 '꽤 맞고' 진정한 기독교라고 생각하며 그 모습을 유지하려 노력한다.

당신이 기독교 세계[21]속에 들어있는 삶의 그림을 갖고 싶다면, 그것이 얼마나 진정으로 기독교적인 것과 닮았는지 보기 원한다면, 내가 얼마나 기독교적으로 살고 있는지 그림을 그려줄 것이다. 혹은 삶이 진정 기독교적인 것, 무조건적인 것과 얼마나 닮았는지 서술할 것이다.

겉보기에 진지함 the earnestness과 엄숙함이 부족하다고 해서 방해를 받지 말라. 나를 믿으라, 왜냐하면 엄숙한 주일 설교의 진지함은 결코 기독교적 의미에서의 진지함이 아니니까. 그리고 이것이 진정한 진지함을 뒤바꿔 놓으니까. 우리의 현실이 무엇을 닮았는지, 우리의 삶은 어떠한지, 우리가 어디에 있는지에 대한 성찰이 진정한 진지함이다.

내가 다른 사람보다 더 낫다고 여겨서 이런 식으로 말한다고 생각

---

21 키에르케고어가 살던 당시의 타락한 기독교. 이 지점 이후에 계속해서 언급되는 '기독교 세계'는 타락한
     국교회를 의미한다.

하지 말라. 절대로 그렇지 않다. 이미 나 자신에게 고백했던 것을 반복하고 있다. 나는 다른 사람들과 마찬가지로 형편없다. 반면에 나의 삶은, 가난한 사람들을 괴롭혔던 동일한 자책감과 염려들로 시험받았기 때문에 정직하게 동정심을 표현해 왔다. 그럼에도 불구하고 기독교의 요구는 '깨어 있으라 spirit'는 것이고, '깨어 있기 위해 노력'하는 것이다.[22]

진지함이란 이것이다. 어떤 종류의 삶을 살고 있는가? 그렇다면 당신 또한 친절하게, 정직하게, 그리고 진심 어리게, 진지함과 집중으로, 어떤 반전이 있어서 자신을 조롱하며 손가락질하는 일이 없도록, 이 질문에 집중하기 바란다.

구함에 대하여

어떤 신학 학사를 상상해 보라. 나이기도 하다. 나도 신학 학사 학위가 있으니까. 그는 신학교를 졸업한 지 벌써 몇 년이 지났다. 이제 그에게 있어서 삶이 어디에 있는지 말할 만한 단계가 되었다.

---

22 원래는 '정신'이 되는 것이지만, '깨어있는 것'으로 옮긴다. 『죽음에 이르는 병』에 보면, 정신은 자기(self)이고, 정신은 영과 육을 통일하는 의식이다. 다시 말해 사람은 무한과 유한, 영원과 시간, 자유와 필연의 종합인 바, 종합되지 않는다면, 사람은 자기(self)가 아니며 이런 의미에서 정신이 아니다. 본문과 관련하여 자기자신이 된 사람만이 술이 깬 것이며, 깨어 있다는 것은 정신이 된 것이다. 다음을 참고하라. The sickness unto Death, KW XIX(SV XI 127-128), 「불안의 개념」 임규정 역(한길사, 2008), 163.

즉, 그는 구하고 있다.[23] '신학 학사 학위를' '구하고 있다.' 이 두 조건이 언급될 때 그가 '구하고 있는 것'이 무엇인지 추측하기 위해 지나치게 상상할 필요는 없다. 당연히 하나님의 나라(마 6:33)를 구하는 것이다. 그러나 잘못 추측했다. 아니, 그는 다른 무엇을 구했고, 약속 또는 생계를 구하고 있다. 거의 무조건적으로 그것을 구하고 있다.

이런 류의 구함은 무조건적인 것을 향하게 하지 않는다. 혹은 무조건적인 느낌을 드러내도록 하지 않는다. 그는 구하고 있다.[24] 그는 구하면서 헤롯에게서 빌라도에게 달려간다. 그는 [교계의] 목사와 비서에게 증빙서류를 보낸다. 관인이 찍힌 공적 문서를 작성하고 또 다른 한 장을 작성한다. 신청서는 관인이 찍힌 공적 문서여야만 하기 때문이다.

이것을 무조건적인 것에 대한 표현이라고 여길 것이다. 그렇지 않다면 거기에 아무것도 없기 때문이다. 시간이 흘러간다. 그는 이렇게 달리면서 구하러 다니는 것에 지쳐 버렸다.[25] 이미 언급했듯이 '무조건적인 모든 것'을 구하는 한, 그것이 무조건적인 것에 대한 헌신이라고 할 수 없다.

---

23 『순간』, 7. "먼저 하나님의 나라를" 참조.

24 Pap. X⁶ B 26. 술 깨기 위해. 구하고 있는 졸업생에 대한 구절, "그는 [교계]의 목사와 안내원에게 구하고 있다."를 "목사와 비서에게"로 바꾸어야 한다.-같은 곳: "그는 자신의 다리가 사라졌거나 적어도 다리 중의 좋은 부분이 사라졌다."를 "그는 거의 지쳐버렸다"로 바꾸어야 한다. 이 부분의 끝 쪽에서 나 자신에 대한 문장이 있는 작은 구절이 있다: "대체로, 내가 정신에 대하여 그것을 깨달았던 것은 놀라운 방법으로 일어났다." 등. 이 전체 문장은 생략되어야 한다.

25 Pap. X⁶ B 12:2. …달리다가 다리가 닳아버렸고[여백에서: 없어진(off), 혹은 다리 중에 좋은 부분이 완전히] 거의 다리가 짧은 오소리가 되어버린 사냥개와 같은 운명이었다.…

그는 마침내 구하려던 것을 얻는다. "구하라 그리하면 찾을 것이요 (마7:7)"라는 성경 구절을 확인하며 찾았으나 무조건적인 것을 찾지 못했다. 그것은 작은 약속에 불과했고, 어쨌든 그는 그때 진정으로 무조건적인 것을 구하지 않았다. 그렇지만 만족한다. 이제 그에게는 부지런히 구하러 다닌 탓에 몸과 다리를 쉬게 하기 위한 평화와 고요가 필요하다.

그렇지만 이 약속에 대한 정보에서 수입이 어느 정도인지 듣자마자 실망스럽게, 그가 생각한 것보다 수백 달러가 부족하다는 것을 알아차린다. 이것은 그에게 큰 불행이었다. 인간적으로 이를 잘 이해할 수 있고 그에게 동의할 수도 있다. 하지만 두 배로 동의할 수는 없다. 그는 동시에 구하던 다른 무엇을 발견했기 때문이다. 생계와 관련이 많은 아내이다. 매년 더 깊이 관련되어 왔다.

그는 낙담한다. 다시 관인이 찍힌 공적 문서를 산다. 이미 사임하려고 청원서를 제출하려던 참이었다. 그러나 몇몇 친구들이 그렇게 하지 말라고 설득하는 바람에 그 문제는 철회되었고, 그는 목사가 된다. 이제 담임 목사의 허락을 받고 나면 취임 설교를 해야 하는데, 담임 목사는 지적이고 학식이 있는 사람이었으며, 세계사에 대한 안목이 없지 않았지만 성도들에게 그다지 유익이 되지는 않았다.

그는 이 신임 목사를 성도들에게 소개했고, "우리가 모든 것을 버리고 주를 따랐나이다"(막 10:28)라는 사도의 말씀을 설교의 본문으로 선택한다. 그는 이에 대해 힘있게 설교한다. 그는 주의 종이, 시대 변화에 따른 헌신이 필요하다면 생명을 희생하기 위해 어떻게 준비해야 하는지를 보여준다.

그 존경하는 목사Reverence는 자신이 추천한 이 젊은 목사가 몇 백 달러가 적은 사례비 탓에 사임하려고 했다는 것을 알고 있다. (언급한 대로 이 사안은 인간적인 것이어서 이해할 수 있다. 그러나 담임 목사를 이해하기에 조금 어렵다.)

이 일이 있은 후 신임 목사는 강대상에 선다. 설교 본문은 "먼저 하나님의 나라를 구하라"이다. 이 얼마나 딱 맞는 말씀인가. 진실로 이 젊은 목사가 고통스러운 세월 동안 "구하면서" 무엇을 견뎌야만 했는지를 떠올려야 한다면, "먼저 구하라"는 말씀으로 마무리될 것이다. 그때 비로소 모든 면에서 좋은 설교가 되었다. 심지어 참석했던 주교bishop도 "탁월한 설교였어. 훌륭하게 전달되었어. 그는 진정한 설교자야."라고 말한다.

"그러나 기독교적으로 평가한다면?"

"저런! 완전히 기독교적인 설교지. 그건 타당하고 바꿀 수 없는 교리였어. '먼저 하나님의 나라를 구한다'는 성경 구절을 본문 말씀으로 삼아 탁월한 결과를 만들어 냈지."

"그래, 그러나 기독교적으로 평가한다면 설교자의 삶과 설교 사이에 어느 정도 일치되는 무엇인가가 있냐는 거지. 나는 설교자(나에게 우리 모두에게 진정한 모습)가 정말 하나님의 나라를 먼저 구했다고는 생각하지 않아."

"그것은 요구 사항이 아니야."

"그래, 용서해줘. 그러나 그것은 설교 내용이야. 우리는 먼저 하나님의 나라를 구해야 해."

"맞는 말이야. 그것이 바로 그의 설교 방식이야. 그에게 요구되는 것이기도 하고. 그 모두는 교리적이고 그것을 선포함은 순수하고 변함이 없어야지."

보라. 기독교 세계가 본질적으로 기독교적인 것, 무조건적인 것과 관계하는 방식이다. 이 젊은 목사는 열일곱, 열여덟 개의 우회로를 다 돌고 난 후 (그 많은 것을 견디고 나서), 마침내 안전이 확보된 실존을 갖게 되고, 그때 우리는 "먼저 하나님의 나라를 구하라"는 설교를 받는다.

이것은 맨 정신sobriety인가, 취기 상태인가? 단순한 인간적 관점은 이것이 술 깬 것이라고 생각한다. 즉 '먼저' 유한한 안전을 확보하고 '다음으로' 먼저 하나님의 나라를 구하라는 설교를 하는 것이다.

숨는 이유

높은 존경심으로 성서를 붙들지만 이상한 방식으로 성서를 다룬다. 한 예로, 엄숙히 선포oath할 때 성서에 손을 얹고 맹세한다. 하지만 성서는 맹세를 금지한다.(마 5:34) 누군가 오랫동안 다른 것을 구한 후 유한한 것을 얻었을 때, 먼저 하나님의 나라를 구하라고 한 성서에 손

을 얻고 맹세한다. 바로 이것, 먼저 유한한 것을 얻는 것을 맨 정신이
라고 간주한다. 나는 더 좋아졌다고 해주지 않는다.

그렇다. 정말 진지하게 나 자신을 시험하자마자, 먼저 하나님의 나
라를 구했다고 표현한 사람과 내가 동시대인이라면, 무조건적인 것을
표현한 사람과 내가 동시대인이라면, 무조건적으로 자신을 무조건적
인 것과 관련시키거나 모든 일시적이고 유한하고 세상적인 고려 사
항들로부터 멀어지고, 놓아버리고, 내려놓아 깨어 있다고spirit 표현한
사람과 동시대인이라면, 나는 그가 견딜 수 없었던 것을 알게 되었다
고 마지못해 고백했을 것이다. 매순간마다 그것은 나를 이길 것이다.
그래서 오직 술 깨어 있기만 했다는 그를, 바로 그를 술 취한 자로 여
기는 유혹에 빠질 것이다.

문제의 진실은, 인간은 모두 어느 정도 술 취해 있다는 것이다. 술
에 취했지만 의식을 잃지 않을 정도로 완전히 술 취하지 않은 술주정
꾼과 비슷하다. 스스로 약간 술에 취했다는 것을 분명히 의식하고 있
어서 다른 사람에게 가능하다면 숨기려고 조심한다.

그때 무엇을 하는가? 그는 자신을 지탱할 만한 무엇인가를 찾는다.
건물 가까이 걷고 비틀거리지 않으려고 똑바로 걷는다. 즉, 술 깨어
있는 자처럼 걷는다. 그러나 그는 감히 넓은 광장을 가로질러 갈 자신
이 없다. 자신을 충분히 잘 알고 있기 때문이다. 그는 술에 취했다는
것이다. 영적으로 이해할 때, 이것이 우리들이 사는 방식이다.

스스로 자신에 대하여 의심한다. 점점 더 정말로 술 깨어 있지 않았

다는 것을 의식하게 된다. 그때 현명과 분별, 상식의 도움으로 스스로 지탱할 만한 무엇인가를 획득한다. 그것은 유한한 것the finite이다.

그때 비틀거리지 않고 똑바로 서서 담대하게 걷는다. 완전히 술 깨게 된다. 그러나 무조건적인 것이 무조건적으로 힐끗 본다면, 우리는 이 눈길을 피한다. 그것이 바로 아담이 나무 사이에 숨은 것과 같이 유한성finitude 속과 유한성 사이에 자신을 숨기는 이유이다.(창 3:8) 혹은 눈을 무조건적으로 무한한 것에 고정시킨다고 해도 자신을 이것으로부터 멀리 두려 한다.

그것이 바로 눈을 유한성에 봉사하는 심부름꾼이 되도록 분주하게 만드는 이유이다. 무조건적인 것이 우리를 힐끗 본다면, 혹은 우리가 무조건적인 것을 힐끗 본다면, 그때 술 취하게 되는 것은 명백한 사실이다.

이것이 문제의 진실이다. 그러나 우리 도둑들은 은어로 인간들에 대해 다르게 표현한다. 자신이 현명하고, 분별 있고, 상식 있다고 주장한다. 자신들은 술 깨어 있으며, 술 취하도록 하는 것은 명확히 무조건적인 것이라고 주장한다. 그것은 술주정꾼의 말과 같다.

"나는 술 깨어 있다고. 내가 저 넓은 광장을 가로질러 가면, 넓은 광장이 나를 술 취하게 하는 거라고."

"자네, 넓은 광장은 자네가 마신 무엇이 아니야. 저것으로 어떻게 마실 수 있겠는가? 술 깬 사람은 술 취하지 않은 채 넓은 광장을 잘 걸어갈 수 있을 걸세."

넓은 광장이, 혹은 그것을 가로질러 가는 것이 그가 술에 취했다는 것을 분명히 해준다. 자신을 술 취하도록 한 것은 광장이지 자신은 술 깨어 있다고 말한다. 사람이 건물의 벽을 잡고 있을 때, 혹은 기껏해야 건물이 서로 붙어 있는 좁은 골목길을 통과하려고 길 가운데를 걸을 때, 술 취했다는 것을 인식하지 못한다.

이것이 기독교의 관점이다. 술 취하도록 하는 것은 무조건적인 것이 아니다. 술에 취했다는 것을 분명히 해주는 것이 무조건적인 것이다. 우리가 충분히 잘 알고 있는 무엇, 그러므로 현명하게 유한성을 붙들고 있는 것, 건물 벽을 잡고 걷는다는 것, 골목길에 머물렀다는 것이 우리가 결코 무한한 것으로 모험하지 않았다는 것을 분명하게 해준다.

먼저 술 취했다는 것을 분명하게 한 다음, 술 깰 수 있도록 하는 것, 이것이 확실히 무조건적인 것이라는 것도 기독교의 관점이다.

아, 인간이 얼마나 교활한가. 언어를 얼마나 교활하게 이용하는지를 잘 알고 있는가. 우리는 가능하면 정확하게 그 진실을 메아리치게 한다. 빨리 듣고 같은 것을 말하고 있는 것처럼 보인다. '분명하게 해준다'는 이 짧은 중간 문장을 생략한다. 그때 말한다.

"무조건적인 것이 술에 취했다."

바로 이것이 도둑들의 은어이다. 기독교는 말한다.

"무조건적인 것이 당신이 술에 취했다는 것을 분명하게 해준다. 완전히 술이 깰 수 있도록 하는 것은 오직 한 가지. 무조건적인 것이다."

가능성과 현실성 사이

사도들이 첫 번째 오순절에 말한 것으로 보아, 그날보다 더 술 깨어 있던 날은 결코 없었다. 그들의 삶은 완전히 무조건적인 것을 의미했다. 하나님 앞에서 자기지식에서 무nothing가 되어 정신차리고(자기자신이 되어) 있었다. 즉, 하나님의 손에 들린 단순한 도구인 것처럼 어떠한 조건없이 자유롭게 되었고, 성령에 사로잡혀 완전히 술 깨어 있었다. 그러나 조롱하는 사람들이 말했다.

"그들은 새 술에 취했어."

현명하고, 분별 있고, 상식 있는, 단순한 인간적인 관점이 그런 것이다.

"그들은 술에 취해 버렸어."

술 깬다는 것은 이런 것이다. 자신의 이해, 앎에서 자기자신과 아주 가까워지는 것, 자신의 모든 이해는 행위가 된다.

여기에 다시 단순한 인간적 관점과 완전히 정반대의 견해가 있다. 즉, 이는 명확히 취기인 반면, 자신의 이해, 자기지식이 삶과 적당히 거리를 유지하도록 돌보아 그렇게 될 때, 그것이 자신을 지배하는 일이 없도록 할 때, 현명한 자, 분별력이 있는 자, 상식이 있는 자의 행위는 맨 정신에서 나온다는 견해이다.[26]

---

26 *JP* IV 4340 (*Pap.* X³ A 736).

"오직 반쯤 미치거나 술 취한 사람만이 그런 일을 할 수 있다고 생각한다."

아는 것은 기쁨이다. 어떤 지식인도, 어떤 교양인도 무엇이 옳은지에 대해 무지하지 않기를 바란다. 이를 모르는 누군가 그를 고소한다면 그에게는 모욕일 것이다.

그러나 그에 부응하여 행동하는 것, 그것은 노력이다. 이해하는 것은 기쁨이다. 또한 이것, 우리 인간이 얼마나 교활하고 간교한지, 우리 모두가 선에 대하여 말하는 법을 얼마나 알고 있는지, 아는 것, 이해하는 것, 이것은 기쁨이다.

어떤 교양인도 이에 대해 무지하다고 평가받는다면 참을 수 없을 것이다. 어떤 교양인도 그것을 심오하고 유창하게 서술할 수 없다고 평가받는다면 참을 수 없다. 내밀하게 이해하는 것은 기쁨이기 때문이다.

개인적으로 정직하고, 올바르고, 이기적이지 않으려고 애쓰는 것, 그것은 노력이다. 그렇지만 알고 이해한다는 것 중에 가장 위대한 노력은 동물을 죽이는 사냥꾼의 노력, 땀과 노동처럼 유일한 기쁨이며, 어부의 인내와 같은 기쁨이다.

그러나 알고 이해한 대로 행하는 것, 그것은 노력이다. 이것이 하나님과 신성한 진리에 관해 항상 교활하면서 모든 관심을 이해와 앎에 집중하는 이유이다. 어려움이 거기에 있었던 것처럼 파악한다. 자신이 옳은 것을 이해하기만 하면 그것을 행하는 것은 자동적으로 자연스럽게 따라오는 것이라고 파악한다. 이 얼마나 통탄할 오해이며, 교활한 조작인가.

극심한 무지로부터 명확한 이해까지 무한히 먼 것보다 가장 명확한 이해로부터 그에 부응하는 행함까지가 무한히 더 멀다. 전자가 단지 정도의 차이라면, 후자는 본질의 차이이다. 앎을 지향하고 있는 나의 작업은 나의 삶을 다루지 못하며, 내 삶의 바람, 열정, 이기심을 다루지 못한다. 나를 완전히 불변한 채로 내버려 둔다. 그러나 나의 행위는 나를 변화시킨다.

그러므로 기독교 세계의 초기 시대에 아무리 많은 오류가 있었다고 해도, 우리 시대와 비교할 때 그 시대가 기독교적이다. 그 시대는 기독교를 즉각적으로 행위로 옮겼고, 그 행위가 기독교의 단순성일 때 일반적으로 옳다. 또한 우리 시대에도 이에 대한 이야기가 있다. 즉, 기독교는 인위적으로 과장하여 설명하는 것이 아니라 단순하게 설명해야 한다는 것이다.

그들은 기독교에 대하여 싸우며 생각을 교환한다. 그것에 대해 책을 쓴다. 기독교는 각자 나름대로의 학문의 분야가 된다. 심지어 어떤 사람은 기독교를 생계의 수단으로 삼고 그 주제의 교수가 된다. 그러면서 진정한 단순성, 진정으로 기독교적인 것에 대한 진실로 단순한 설명인 그 단순성을 행하는 것을 망각하거나 생략한다.

그것을 행하는 것, 그것은 노력이다. 그것이 죽어 가는 것을 의미하는 한, 죽음의 싸움 같은 노력이다. 그러나 기독교를 설명하는 것, 그

것은 기쁨이다. '진정으로 기독교적인 것을 행함으로써' 사람들과의
우정을 상실하게 될 것이다. 심지어 그들에 의한 박해에 휘말리기도
한다. 놀랄 것도 없다. 살아있는 사람들이 이 생명과 생명에 속한 것
들에 혼신의 힘을 다해 매달려 있으면서, 어떻게 죽었던 자의 현존을
조용히 견딜 수 있냐는 것이다.

　그렇지만 기독교를 단순히 설명만 함으로써, 다른 사람들과 위대
한 성공을 즐길 수 있다. (특히 그것을 통해 어떤 이익을 확신할 수 있
다면, 공감을 얻고 당신이 가진 이익으로 완전히 이해받을 수 있다.)

　오, 나에게 사람들이 들을 수 있는 음성을 주소서
　죽어 가는 자의 목소리가 지닌 의미심장함을 제 음성에도 불어넣으소서
　내 말이, 결정적인 말이 지속적으로 울리게 하소서.

　가능성에서 기독교는 쉽다. 단지 설명만 함으로써 가능성을 가지
고 사람들에게 기쁨을 준다. 그러나 현실적으로 몹시 어렵다. 현실성
에서 행위로 표현되는 순간, 대항하는 사람들을 선동하게 된다. 내가
얼마나 자주 이 지점으로 돌아왔었는가. 단지 어떤 유능함만으로 기
독교를 전하는 설교자를 볼 때, 그것뿐임에도 불구하고 가능성에서
그는 명예를 얻고, 존경받고, 사랑받고, 거의 우상화된다.

　자, 덧붙여 그의 삶이 가능성을 표현했다면, 그때도 여전히 사랑받
을 수 있는 것인지, 그 결과가 얼마나 가까이 있는가. 아, 사랑하는 친

구여, 그가 그렇게 되는 것을 주의하자.²⁷

이것을, 명확히 이것을, 그 현명하고 분별 있고 상식 있는 자가 이
해한다. 이것이 그가 술 깨어 있는 이유이고, 그가 매우 조심스럽게
설명하고 있는 그의 앎, 이해와 삶 사이에 아주 깊은 심연을 만든 이
유이기도 하다. 결과적으로 그는 술 깨어 있다.

그러나 기독교는 그가 술 취해 있다고 말한다. 취기로 자기자신을
보호하고 있다. 단 하루만이라도 술이 깨게 되는 결과를 피할 수 있기
때문이다. 술주정뱅이가 자신이 무엇을 하는지 모르듯이 그는, 이 현
명하고 분별력 있는 자도 자신이 무엇을 하고 있는지 모른다. 이런 식
으로 그의 지식과 이해를 진보시키면 스스로 파멸을 초래한다는 것
도 모른다.

술 깬 자가 말한 대로, 그는 자기 지식을 자랑하고 자기 지식에 의해
심판 받을 것을 생각하지 못한다. 누군가 이 사실을 더 많이, 더 잘 이
해할수록, 그가 자기 지식을 행하지 못했다는 심판은 더욱 가혹해지
고, 결국 영원etetnity이 그를 술 깨도록 할 때 심판은 더욱 가혹해진다.

누구든지 술 깨지 않은 것처럼, 그도 술 깬 것은 아니다. 현명하게

---

27 *Pap.* X⁶ B 29:3. 사람들은 말한다. "이런 설교를 듣는 것은 감동적입니다. 혹은 예를 들어 가난에 대하여
감동적으로 설교하는 것을 듣는 것은 정말로 감동적입니다." 그러나 그가 이 이야기로 가난해지지 않은
것을 주의하게 하라. 아니, 가난에 대한 이런 감동적인 이야기로 그가 심지어 부자가 되는 데에 성공할
수 있다면, 가능하다면, 모든 지상의 재물을 소유함으로써: 선생님, 당신은 대성공을 거두셨습니다. 당신
은 신문들, 대중들, 인간들의 기호에 맞추신 겁니다. "사람은 그와 함께 아주 안전하게 되고 감정의 즐거
움은 더욱 확고해진다. 우리는 서로를 이해하고 있다." 중요한 것은 재물이다.

도 그는, 그의 의식이 깨어있지 않은 상태에 있는 자신을 안전하게 보호하기 위해 무엇이 필요한지 정확한 계산법을 알기 때문이다. 그는 자기 지식과 이해를 확장한다. 그가 생각하듯이 거기에 취기와 유사한 아무것도 없다. 그는 자기 지식에 저항하며 자기를 방어한다. 그는 뛰어나게 현명하기에 자기 지식에 저항하며 자기를 방어하는 법을 잘 안다. 그러나 확실히 그가 생각하듯이, 거기에 취기를 암시할 만한 것은 아무것도 없다.

그런데 도대체 왜 자신의 올바른 지식에 저항하여 방어하는가? 도대체 왜? 그는 실제로 이 지식이 그가 술 취했다는 것을 그에게 드러낼 것임을 알기 때문이다. 어느날 영원eternity 때문에 이 지식에 저항하여 자신을 방어할 수 없을 때, 이 지식이 그의 취기를 드러낼 것이니까.

이것이 문제의 핵심이다. 인간에게 어떤 능력, 지식에 대한 능력이 있다. 그리고 모든 사람, 가장 많이 알고 있는 몇몇 사람은 삶의 본질, 혹은 삶이 표현하는 것과 동떨어진 채 자기 지식에 존재한다. 이 잘못된 관계에 대해 관심이 없다. 다만 지식에 높은 값을 매긴다. 사람들은 점점 더 자기 지식을 발전시키기 위해 분투한다.

분별 있는 자는 말한다.

"그러나 조심해야 할 점이 한 가지 있다. 지식이 선택한 방향이다. 만약 이 지식이 자신을 저항하며 내면으로 향한다면, 이를 막기 위해 주의하지 않는다면, 그때 내면을 향해 들어온 지식은 자신을 술 취하게 한다. 자신을 알게 된다는 것은 술 취하는 것이다. 지식과 지식인 사이에 취기로 혼란스럽기 때문이다. 지식인은 스스로 알게 된 것을 닮아 그렇게 되기 때문이다. 이것이 취기이다.

　이것이 사실임을 안다. 자기 지식이 그런 반전을 만들고 그 앎에 굴복한다면, 술주정꾼처럼 현실에 휘말리게 하여, 이해와 현명함에서 무엇이 알뜰한지, 무엇이 유리한지, 무엇이 득이 되는지 고려하지 못한 채, 무모하게 무모한 행위에 뛰어든다. 이것이 우리, 술 깬 자들이 앎에 혹은 앎을 확장하는 데에 저항하는 것이 아니라, 앎이 내면으로 전환하지 않도록 경고하는 이유이다. 술 취하게 하기 때문이다."

　이는 도둑들의 은어jargon이다. 은어가 말하고 있는 것은 사람이 취했고, 지상의 삶, 일시적인 것, 세속적인 것, 이기적인 것에 취했다는 것을 드러낸다기 보다는 내면의 방향을 선택함으로써 취하게 만든 것이 자기 지식임을 알아차린 것이다. 그리고 사람이 두려워하는 것은 이것이나 술 취하는 것에 대한 지식을 비난한다. 자기 지식이 내면을 향해 전환이 되어 취기 정도를 폭로할까 봐 두려워한다. 앎은 이 취기 상태에 있는 것을 좋아하는 점을 폭로하게 된다. 앎은 취기 상태에서 벗어나게 한다. 그런 단계를 거친 결과, 다시는 존경받던 상태, 취기 상태로 슬그머니 들어가지 못한다. 이것을 두려워한다.

　그렇지만 기독교는 사람을 술 깨도록 하는 것은 자기 지식이 내면으로 전환된 것이라고 선포한다. 이해, 앎을 행위로 바꾼 자만이 완전히 술이 깬다고 선포한다. 그러므로 사람이 앎이 내면으로 향하고 있다는 것에 집중하기만 한다면, 자기 지식을 발전시키기 위해 그렇

게 많은 시간을 소비할 필요가 없다고 선포한다. 능력과 관심을, 지식
을 발전시키는 데에만 쏟아 붓는 것은 교활함이라고 선포한다. 약간
의 지식에 대한 능력이, 자기 지식을 내면으로 전환시켜 이를 행하는
사람으로 바꾼다면, 그를 술 깬 자라고 선포한다. 그리고 지식에 대해
위대한 능력을 갖춘 자가 외부로 전환한다면 완전히 술에 취했다고
선포한다. 기독교는 그렇게 선포한다.

이 문제에 대하여 전문가는, 겸손에 대하여는 겸손하게, 의심에 대
하여는 의심스럽게 글 쓰는 자는 거의 찾아보기 힘들다고 했다.[28] 말하
자면, 어떤 해석에 관해 제대로 되었다고 주장할 만한 해석을 찾아보
기 힘들다는 것이다. 그 같은 예 중에서, 의심은 의심하는 형태로 전
달되는, 바로 그리스도인들이 그렇게 했다는 것이다. 반면에 이 시대
는 얼마나 믿을 만한가. 교수가 부름 받았다는 믿음의 사람an article of
faith이라면서 '모든 의심'을 전달함으로써 이를 믿고 듣는 자들을 감동
시킨다.

이 해석보다 훨씬 더 드문 것이 있다면 이것이다. 훨씬 드문 것, 즉
이해가 행위여야 한다는 것. 마땅히 해야 하는 것을 이해했다면 행함
으로 표현된다. 오, 이 고상한 단순함이여!

그렇다, 인간의 마음보다 더 간사한 것은 아무것도 없다. 아마 이해

---

28 Blaise Pascal, *Gedanken Paskals*, ed. J.F.K(Johann Friedrich Kleuker)(Bremn:1777;ASKB 711), p. 307; *Pascal's Pensees*, tr. Martin Turnell(New York: Harper, 1962), p. 173.

와 행함이 잘못된 관계로 드러난 것보다 더한 것은 없다. 더 엄격하게 판단하면, 우리는 모두 '위선자'라는 책임을 져야 한다. 사도는 덜 엄격하다. 그들을 술 취했다고 하면 된다. 그러나 현명하고 분별 있고 상식 있는 자는 말한다.

"정확히 반대야, 우리는 술 깨어 있어."

술 취한 자는 사도이다. 혹은 지식이 사람을 지배하여 그 사람 자신에게 덤벼들도록 허용한 것이 취기는 아닌가? 그리하여 '지식은 사람이 술에 취했다는 것을 분명히 보여준다.' 그리하여 지식은 가장 급진적 의사 결정을 하게 한다. 그 결과, 술 깬 상태의 이해에 대한 기쁨과 만족을 얻는 대신, 자신을 불행하게 만든 이해를 오히려 비난해야 한다. 이는 술 깨어 있는 상태에서 결코 고백하지 않는 무엇인가를 취기로 인정함으로써 불행해지는 것과 같다.

이것이 역으로 이해된다면, 분별 있는 자는 술 취해 있다는 것을 고백하지 않을 것이라는 의미에서 정말 술 깨어 있다. 그럼에도 그는 술 취해 있다. 결정적으로 술 깨게 되는 첫째 조건은 정말 술 취했다는 것을 고백하는 것이다.

기독교에 따르면, 완전히 술 깬 자만이 이해가 행위가 된다. 그렇게 되어야 마땅하다. 이해는 즉각적인 행위가 되어야 한다. 즉각적으로! 그러나 이것은 인간의 방식이 아니다! 우리는 무엇인가를 이해했을 때, 행위가 있기까지 혹은 복제reproduction가 행위로 옮기기까지 한참 시간이 걸린다.

그렇지만 올바른 관계에서 행위는 즉각적이다. 이 때문에, 복제는
이해이며, 정확하고 완전하며 결코 축약되지 않는다. 행위가 즉각적
으로 따라오지 않는다면, 행위는 이해의 복제에서 왜곡된다. 슬프다,
이것이 우리의 행위이다! 이것이 어떻게 우리의 이해를 닮았는가? 클
라드니 도형[29]처럼, 바이올린 활의 타격 한 번으로 행위를 재생산되
는가? 그림을 그대로 인쇄reprint한 것처럼 그렇게 하는가? 아니다. 압
지blotting paper[30]에 묻은 친필같이 생산한다.

　그때 누군가 전 인류에게 유익할 만한 무엇을 이해했다. 그는 옳을
것이다. 필요한 것은 혹독함rigorousness이다. 혹독함만이 구원할 수 있
다는 것을 이해한다. 그때 모든 사람 또한 그가 혹독할 수 있는 용기
를 가졌다고 이해한다. 하지만 그는 오직 자기자신을 제외한다. 이것
이 술 깨는 것인가?

　그렇다, 인간적 관점은 그렇게 생각한다. 즉, 그의 기업이 성공한다
면, 그가 슬퍼하지 않는다면, 여기에서 그의 상식과 맨 정신을 본다.
그것들은 그의 사상 탓에 상처 받지만 정작 그는 상처 받지 않는 방식
으로 이 두려운 사상을 관리하는 법을 알고 있다.

　기독교는 그가 술 취했다고 믿는다. 그가 혹독하게 구원하는 능력

29　1788년 독일의 E.F.F.클라드니가 발견한 것으로 판의 진동에 의해 판 위의 모래가 그리는 도형. 판의 고
　　정점, 손가락이 닿은 점, 활로 문지른 점의 각각의 차이에 따라 여러 가지 도형이 생기며, 각각 경우의 진
　　동 상태를 판단한다.
30　잉크 글씨의 잉크를 닦아내는 압지.

을 이해하자마자 즉각적으로 자기를 부인하면서 그것에 향했다면, 술 깨어 있다고 믿을 것이다.

그때 진리를 이해하는 누군가가 있었고, 그에게 진리는 자기자신 앞에 훌륭한 웅변으로 생생하고 설득력 있게 서 있었으므로, 스스로 생각하기에 그 진리를 전 세계에 납득시킬 수도 있을 것 같았다. 적어도 진리를 그렇게 이해했다. 그는 그렇게 했고, 또 성공한다. 승리의 기쁨으로 그의 모든 세대에게 자기부인self-denial을 그렇게 납득시켰다. 그러나 납득시키지 못한 사람이 있었으니 바로 자기자신이다.

그는 이해에서 멀어져 잘못된 방향으로 갔다. 혹은 이해로부터 멀어진 채, 행위 대신 시처럼 읊거나 웅변조의 설명으로 빠져 버렸다. 진리가 그의 앞에 그처럼 생생하고 고압적으로 서 있는 순간, 저기 자기부인은 승리의 기쁨일 뿐이었다. 그 순간에 아주 사소한 자기부인만이 그에게 있었다. 이 지점에서 행동했다면, 자기를 부인한 승리의 기쁨은 웅변의 걸작masterpiece of eloquence으로 나타나고 자기부인만은 나타나지 않았을 텐데.

이 걸작은 나타났다. 자기부인이 아니었다. 이것은 술 깬 것일까? 아마 인간적 관점은 이런 의견일 것이다. "왜냐하면" 그들이 말한 대로 "진리를 행하지 않을지라도, 그가 수천 명을 얻을 수만 있다면 그것은 중요한 일이다!"

기독교는 실현시키는 데 실패했던 자기부인의 사소한 행위, 이것이 중요했다고 생각한다. 만약 이것이 일어났더라면, 즉각적이고 완전하게 그의 이해를 복제하는 일이 일어났더라면, 술 깨는 것이었을 텐데.

예를 더 들어보자. 예술이 세상의 구주이신 예수 그리스도를 그리려고 시도했던 시대가 있었다. 그것은 틀림없는 오해였다. 그분은 그런 식으로 그릴 수 없는 분이셨다. 그분의 영광은 비가시적the invisible인 것, 내적the inward인 것이기 때문이다. 모순의 표적인 그분은 그와는 달리 외부에서 숨겨진다. 이를 그리고 싶어 하는 것은 얼마나 모순인가. 결국 그리려는 예술은 헛된 시도이다. 언어의 예술이 이를 시도하면 어떠할까?

이런 상상에 푹 빠진 사람을 상상해 보라. 이제 그는 언어의 능력을 발휘하여 세상의 구주를 그리려고 할 것이다. 그는, "그러려면 나에게 평화와 고요가 있어야 하고 집필을 장려할 만한 환경이 필요해."라고 하면서 무엇으로도 방해받지 말아야 한다.

그뿐인가, 가능하다면 적절한 분위기에서 그를 집필하도록 모든 것으로 지원 받아야 한다. 그는 아름다운 곳에서 가장 사랑스러운 환경을 선택한다. 모든 것을 예술적으로 고상하게 준비한다. 지금까지 그처럼 대우 받은 작가는 없었다. 물론 당시 가장 중요한 작업이다.

이미 그는 유명해졌고, 사람들은 존경하는 마음으로 바라본다. 그 마음으로 걸작의 탄생을 기대한다. 신문에서는 걸작의 탄생을 예찬admiration했다. 물론 이는 아주 진지한 문제이다. 이것은 술 깬 것일까? 인간적 관점은 그렇다고 생각할 것이다.

　신문에서 이에 관한 기사를 읽는다. 당신은 이 기획에 대해 대중을 공감하면서 바라본다. 이 일은 그리스도와 동시대에 살지 않았던 것에 대해 우리에게 십중팔구 충분한 보상을 해 줄 것이다. 목사들의 강렬한 열망으로 인해 그분과 동시대에 살아야 한다는 것을 주장할지라도(설명 불가능하도다!), 그 보상은 여러 이유들 탓에 우리의 최대 관심사가 된다. 그러나 기독교는 이를 취기라고 믿는다.

　이런 취기와 비교할 때. 심지어 최소한이라도 자기부인이 술 깬 것이다. 술 깬다는 것은 이해가 행위가 되었다고 기독교는 믿는다. 성전의 헌금temple tribute이 특별한 동전으로 드려지는 것처럼 이해가 지속적인 행위로 나타나며, 당신도 무엇인가를 이해하자마자 즉각적으로, 즉각적으로 충분히 긍정하는 행위로 나타난다.

　"그러나 이런 식으로 술이 깬다는 것은 정말 무섭다. 결코 이것을 지지할 만한 아무것도 없다!"

　기독교는 대답할 것이다.

　"어떻게 그런 말을 할 수 있는가? 사도들이 지지 받지 못했는가? 순교자들의 무리가 지지 받지 못했는가? 정말로 처음 지지 받은 것처럼 느끼는 청년 같은 나이 든 사람들, 정말 영감inspiration을 알게 된 젊은 여자들! 그러나 어떤 경우에도 그것을 어떻게 받아들였는지에 달려 있다. 포도주로 지지 받는 데 익숙한 사람은 물을 마시는 데에서는 충분히 지지를 받았다고 여기지 못한다. 그럼에도 물을 마시는 데에서 지지가 있었다면 그때는 어떠한가! 지지를 받음으로써 기쁨을 찾는

사람에게, 자기부인self-denial이 지지해야 하는 것이어야 할 때, 지지해
야 할 것같이 보지 않는다.

이 자기부인을 정말로 지지해야 한다면 어떠한가. 하나님과의 관계
를 하나님으로부터 모든 것을 받는다는 것을 의미한다는 사람에게, 하
나님과의 관계가 모든 것을 포기해야 하는 것이어야 한다면 그것을 그
가 지지할 수 없다. 그러나 더없이 행복한 것(더욱 지지하게 되는 것)
은, 하나님의 도움으로 모든 것을 받는 것, 혹은 부득이하게 하나님의
도움으로 아무것도 없이 살 수 있다! 정말로 지지하는 것은 선물이 아
니고 하나님이다. 첫 번째의 경우, 당신은 잘못 되더라도 아주 쉽게 받
은 것을 볼 수 있다. 이것은 덜 지지하는 것이다. 두 번째의 경우, 당신
은 어쩔 수 없이 하나님만을 본다. 이는 가장 지지할 만하다."

기독교와 생계, 그리고 일

나의 독자여, 술 깬다는 것, 이것은 과업이었다. 진지해야 한다. 현
실적으로 어떻게 보이는가? 우리는 어디에 있는가?

우리는 어디에 있는가? 기독교 세계는 어떤 상황인가? 상황을 말
하는 것은 어렵지 않으나 이를 변화시키는 것은 몹시 어렵다.

유한과 무한, 영원과 시간, 최고와 최저에 대해 어떤 것이 어떤지
말할 수 없거나 상황이 관통 불가능한 모호성이 되도록 혼합시켜 버

렸다.[31] 완전히 엉켜버린 정글 속에서 경치를 확보하기 위해 잘라내는 것은 이상적ideals일 수 있으나 모호한 상황에 빛을 비추는 것처럼 어렵지 않다.

그러나 거기는 모든 것이 탁하다. 그저 이상적이라는 것에 보호받으며 살아간다. 또한 이상적인 것과 우리 사이를 분별할 수 있는 관점을 제거하고 살아간다. 그래서 더 고차원적인 무엇을 분투함으로써 서로 이해한다. 이것은 어떤 유익을 가져다주지만, 유익을 포기하는, 진정으로 더 고차원적인 분투는 터무니없는, 가장 터무니없는 '과장'이라고 여긴다.

신문, 책, 강대상, 교탁, 그리고 집회에 어떤 엄숙함, 존재감이 있다. 모든 것은 정신 주변, 진리 주변, 사상 주변을 돌고 있다고 암시하는 존재감이다. 그럴 것이다, 아마. 그럼에도 모든 것은 직업 주변, 출세career 주변을 돈다. 아마도.

신학교 졸업을 지지하는 것은 직업, 출세인가? 기독교인가? 아무도 모른다. 그는 직업을 수락하고는 기독교였다고 주장한다. 졸업을 지지한 것은 직업, 출세인가? 혹은 학위인가? 아무도 모른다. 그는 직업을 수락한다. 그리고 그런 교수가 된다. 그는 그것이 학위라고 주장한다.

기자를 격려하는 것은 구독자의 숫자인가, 과업인가? 아무도 모른다. 그는 구독료를 모은다. 그리고 과업이라고 주장한다. 누군가를 대

---

31 *Pap.* X⁶ B 20. 을 참고하라.

중의 우두머리가 되도록 자극한 것이 대중의 사랑인가? 아무도 모른
다. 그는 권력의 우두머리 자리에 서는 것에 대한 유익을 수락한다.
그것은 분명하다. 이것을 사랑에서 나온 것이라고 주장한다.

이런 모든 것의 한복판에서 기독교는 존재한다고 강력하게 주장한
다. 심지어 우리는 그리스도인들이다. 그렇다고 기독교가 그렇게 풍
성히 번창하지도 않았다. 그때 기독교가 존재한다는 것을 어떻게 입
증한 것일까? 천 명의 사제에 의해서인가? 나는 궁금하다. 굉장하다!

지금까지 우리가 가정한 것은 진실하지 않다는 것이 입증되었다.
분주한 농담꾼들에 대해 터무니없다는 것을 입증하였다. 아니, 그는
여러 사업체가 있고 네 명의 직원이 있다는 것을 입증할 때, 그럴 수
있다![32] 그러나 상황은 똑같지 않다. 그렇다고 네 명의 직원이 그에게
여러 사업체가 없다는 것을 입증하지 않는다.

마찬가지로 천 명의 목사들의 존재는 기독교의 존재보다 비존재를
입증한다. 무엇을 입증하는가? 천 개의 직업이 있다는 것을 입증한다.
그 이상 그 이하도 아니다. 이것이 기독교인가? 혹은 이것이 기독교
가 세상으로 들어오도록 지원해야 하는가? 대신에 그 반대가 사실이
아닌가?

회중들은 현명하다. 목사가 열변을 토하고, 울고, "확신합니다!"라

32　Ludvig Holberg, *Den Stundeslose*, I, 4; *Den Danske Skue-Plads*, I-VII(Copenhagen:1788; ASKB 1566-67), V,
　　페이지 표기 없음; *The Fussy Man, Four Plays* by Holbeg, tr. Henry Alexander (Princeton: Princeton University
　　Press for the American-Scandinavian Foundation, 1946), p. 7.

고 하면서 강대상을 칠 수도 있다. 그러나 회중이 그것으로부터 기독교에 대한 감명을 받았느냐고 질문하고 싶다. 아니, 회중들은 메마르게 눈물 한 방울 흘리지 않으며 말한다.

"아닙니다. 그것은 그의 직업입니다."

사상의 포기와 진정한 자기부인 가운데 행한 단 하나의 행위는 천 명이나 십만 명, 백만 명의 성직자보다 훨씬 더 많이 기독교에 대해 일깨운다. 그들 혹은 기독교를 지지한 것이 직업, 출세, 그리고 특권perquisites인지, 어떤 것이 어떤지 계속 모호하게 여긴다면, 그것이 전자[33]라고 노골적으로 말하기 때문이라면, 그들은 아무런 해를 받지 않는다.

"그러나 사람이 공기를 마시고 살아갈 수 있다고 생각하는가? 기독교는 생계를 위해 일하는 것이 불법인가?"

결코 그렇지 않으며, 티끌만큼도 그렇지 않다.

반대로 기독교는 이 둘을 분리할 수 있고 분리해야 한다. 자신의 이익을 위해 일하는 것과, 원인, 사상, 정신, 그리고 보다 더 고차원적인 것을 위해 일하는 것은 분명하게 구별해야 한다. 무슨 일이 있어도 하나로 혼합하거나 융합시켜서는 안 된다. 밤과 낮만큼이나 다르고 무한히 다르기 때문이다.

기독교는 진리에 봉사하면서 또한 자신의 이익을 추구하는 것, 사상

33　세상의 포기와 자기부인의 삶.

을 위해 일하면서 자신의 이익을 추구하는 것, 이것은 몰상식이며 위선에 이르는 길이다. 후자가 전자보다 무한히 월등하기 때문이다. 나의 생계를 유지하고 출세하기 위한 필요 가운데 있는 것은 사상도 아니고 진리도 아니다. 그것은 나 자신이며 나 혼자 그렇게 하는 것이다.

기독교는 '허세assurance는 거짓의 아비the Father of Lies이며 메스꺼운 죄'라고 생각한다.(요 8:34) 기독교는 더 고차원적인 것을 위해 분투하는 관계에서 오직 단 한 종류의 허세만이 존재한다. 즉, 내 삶은 오직 그것만을 표현하고 다른 아무것도 허세가 필요없다. 반면에 나의 확신은 몰상식이요, 위선에 이르는 길이다.

"그런 식으로 말하면, 목사의 품위dignity, Vaerdighed를 망각하게 된다."

목사님His Reverence! 나는 목사님His Reverence, Velvaerdighed의 품위를 모욕하지 말아야 한다. 혹은 '올바른' 목사님His Right Reverence, Hoivaerdighed의 품위를 모욕하지 말아야 한다. 공평하고 정확하게 그에게 알맞게, 마땅한 품위를 원할 뿐이다. 그 이상 아무것도 없다. 여기에 다시 모호함이 있다.

여기에 두 가지 종류의 품위가 있다. 한 사람이 우리 사이에서 흠잡을 데 없이 살 때, 그는 존경하는 마음으로 대우받을 권리를 요구할 수 있다. 또한 특별히 그의 재능을 특별히 선물로 받고 생계를 유지하기 위해서 근면하고 탁월하게 재능을 활용한다면, 그는 품위가 있다고 말할 수 있다. 한 예로, 배우가 있다. 그러나 실제로 기독교에는 품위에 대해 완전히 다른 개념이 존재한다. 기독교가 한때 사도들을 통해서 선포된 시대가 있었다. 우리는 그것을 무시하지 말아야 한다. 기독교가 진리의 증인들을 통해서 선포된 시대가 있었다. 그 당시에 월급이나 직책 같은 것은 존재하지 않았다. 월급과 직책의 도움없이 기독교 전체가 잘 돌아갔으니까. (믿기 어렵도다!) 당시 기독교의 선생들은 특별한 종류의 품위를 요구했다. 그것을 정당화할 수 있는 것은 그의 삶이었다.

그러나 보라. 아직도 목사들이 지속적으로 곁눈질하는 것은 이런 품위의 개념이긴 하나, 그들의 삶은 영광스러운 사람들의 삶과는 정반대가 되고 말았다. 완전히 세속화된 기독교의 선포는 세속적 출세나 직업과 마찬가지이다. 그 직업은 품위의 개념을 받을 자격이 없다. 이 시대의 목사는 기능competence과 관련하여 다른 전문 직업과는 다른 품위에 대해 권리를 주장할 수 없다.

만약 그가 탁월한 설교자라면, 예를 들어 탁월한 의사, 예술가, 배우와 같이 동일한 존경을 받으면 된다. 그는 대개의 사람들이 그렇듯이 보통 계급이다. 목사 안수가 문제의 품위를 결정지을 수 없다. 목사 안수 받은 사람의 삶이 완전히 세속화 된다면, 그는 목사 안수 받은 것을 내세워 호소할 수 없기 때문이다. 대신에 배우, 의사, 그리고 예술가 역시 공정함에 따른 권위를 부여해 달라고 요구할 수 있다.

기독교 세계가 한창일 때, 이런 상황이었다. 때로는 기독교의 땅에 배우가 매장될 수 있는지는 의심스러웠던 반면, 목사들이 기독교의 땅에 매장될 수 있는지는 결코 의심스럽지 않다.

"이것이 모든 것을 혼란스럽게 할 것인가?"

절대로 그렇지 않다. 나에게 이 문제는 단순하다. 이것이 내가 생각하는 것이다. 하나님 앞에 겸손하고 그렇지만 어린아이처럼 행복하고 만족한다면, 생계를 위해 일하는 것은 이 세상에서 가장 영광스러운 일이라고 분명하게 확신한다. 이것이 내가 할 일이다. 예를 들어, 나는 하나님 앞에 담대한 확신과 선한 양심으로 기독교를 선포함으로써 밥벌이를 할 것이다.

그러나, 그러나, 그러나 나의 회중이 이것이 나의 생계라는 것을 미묘하게 여길 만한 일은 없을 것이다. 나 자신에 대하여 내가 직접 말할 의향이 있고, 담대하게 확신있게 하고 있어서 기쁨이 될 것이다.

이것은 나의 생계이다. 내가 생계를 확보한 것은 기독교를 위해 있지 않다. 나 자신만을 위해서 있다. 정말로, 이것을 회중이 알고 있다는 것을 알았다고 해서 위험하지 않다. 나 또한 생계를 유지할 무엇인가를 필요로 하는 사람이다. 회중이 무엇이 진리인지 발견하는 것도 위험하지 않다. 나는 믿음이 그렇게 강하지도 않고 영적으로in the spirit 살고 있는 것도 아니고, 가난 속에 있는 기독교를 선포한다고 해도 괜찮다.

이것은 부정할 수 없는 기독교의 정신에서 가장 선호된다. 회중이 어떤 것이 발견한다고 해도 결코 위험하지 않다. 아니, 아니, 그것은 위험하지 않을 뿐만 아니라, 기독교의 진리와 구원에 이르는 유일한 길이다.

위험한 것은 나를 우월하게 여기면서 생계를 우습게 보는 것이다. 나는 은밀하게 날카롭게 이런 면을 예의 주시한다. 내가 우월하고 강하다면, 생계 유지와 상관없이 그것을 표현해야만 한다. 위험한 것은 내가 근엄과 품위로 차려 입는 것이다. 게다가 그것이 기독교를 위하여 존재하는 것이다.

이것은 마치 내가 생계를 확보하고 출세하려는 것이 기독교인 것처럼 존재하는 것이다. 또한 이것은 내가 기독교의 선포를 이런 식으로 생계 유지로 바꾸기 위해 기독교의 방종indulgence이 없는 사람인 듯 존재하는 것이다. 내가 근엄과 품위로 차려 입는 것이 위험하다. 회중은 속으로 나를 비웃을 뿐더러 문제의 진실을 잘 안다는 것이다. 혹은 어떤 것이 어떤지 안다는 것이다.

요약해서, 이렇다면, 이것이 나의 생계이다. 이것이 중요하다면 기독교적으로 나는 줏대 없는 놈이다. 이것은 어마어마한 진리가 아니다. 회중이 내가 줏대 없는 놈이라는 것을 발견한다고 해도 위험하지 않다. 내가 줏대 없는 놈이라면, 그것을 회중이 공식적으로 직접 발견하지 못하는 것이 위험하다. 그리고 그것을 바꾸든 비꼬든지 "내가 줏대 없는 놈"이라는 것을 인정할 용기와 결단을 지닌 누군가 있다면 그는 결코 아니다. 그렇다. 정말로 줏대 없는 놈이라고 불러야 할 자, 그는 아주 쉽게 근엄과 품위의 걸레rags, Pjalter 속에서 숨겨진 채 발견될 것이다.

존경할 만한 자여, 기독교가 접촉하고 자극했던 당신, 예수 그리스

도, 그래서 기독교와 당신은 본성disposition을 극복했고, 가난과 비천
속에 있는 기독교를 선포하기 위해 결단하기로 했다. 그러나 나는 진
정한 선포로부터 멀리, 아주 멀리 서 있다. 겸손하게 머리 숙인다. 그
렇지 않다면, 담대한 확신과 좋은 양심으로 어린아이처럼 기뻐하고
만족했을 것이다. 다만 내가 하지 못한 한 가지, 그것에 대해 양심의
가책을 느꼈을 것이다.

내가 그것을 했다면, 양심의 가책, 나쁜 양심의 짐을 지거나 지게
되었을 것이다. 나는 결코 당신을 속여 합법적으로 당신에게 속한 것
을 빼앗지 않을 것이다. 하나님의 도움으로 나는 당신의 영광, 당신이
존경할 만한 자라고 밝히는 데 성공할 것이다. 내가 막심한 손해를 입
는다고 해도 그것을 밝히고 말 것이다.

그것이 아무래도 좋은 문제로 결코 좌시하지 않을 것이며, 오늘날
사람들이 말하는 대로 말하지 않을 것이다. 교리, 객관적인 교리, 그것
은 중요하다. 그것은 나의 생계인지, 출세인지, 한 사람은 그것을 공짜
로 하고 다른 사람은 돈과 지위를 위해 하는지, 한 사람은 자발적 가
난으로 하고 다른 사람은 번창하는 사업으로 하는지, 한 사람은 그것
을 봉헌과 특권을 위해서 하고 다른 사람은 헌납 받는 자로서 하는지,
이 모든 것은 아무런 차이가 없다. 교리는 확실히 존재하며 동일하게
남는다.

이 무슨 가증스러운abomination 거짓말인가. 가증스럽다. 명확히 가
장 결정적인 교리. 그들은 그것으로부터 관심을 돌려놓았다. 혹은 진

심으로 그리고 비밀리에 알지 못하지만, 다른 사람들과 더불어 그것을 알고 있는 자가 있다면, 이것, 명확히 교리. 자신의 노력 혹은 그 반대로부터 이익을 얻으려 했는지는 사람에게 무한한 차이를 만든다. 그리고 거짓말이다.

그것은 존재하고 같은 교리로 남는다는 것은 사실이 아니다. 어떤 경우, 선포는 교리이며 진리이다. 교리는 선포에서 진리가 된다. 다른 경우에, 선포는 이 같은 교리를 거짓말로 만든다. 그러므로 교리는 실제로 동일하게 남지 않는다.

죽어야 한다

이 마지막 지점에 대한 논의를 다시 시작해 보자. 우리 시대의 상태는 명확히 무한과 유한, 최고와 최저를 혼합시켜서, 그로 인해 관통 불가능한 모호성이 되었다. 이런 취기의 상태에서 벗어나기 위해 술 깨는 것은 확실히 필요하다.

성도들은 목사들을 줄이고 싶고, 쓰레기인 그들의 월급을 버린다고 여기는 점은 이 신성모독과는 거리가 멀다. 내가 발언권이 있다면 다음과 같이 말할 것이다.

성도들은 목사들에게 훨씬 더 많이 지불한 것을 자랑 삼을 것이다. 그러나 이것은 '기독교의 품위'를 요구한다. 이때 어떤 진실이 있어야만 한다면 둘 중의 하나이다. 자기부인self-denial과 자기포기로 분투하며, 현실적으로 진리와 거짓에 증인이 됨으로써(침묵의 시간에 열일곱 개의 착각 중에 열변하는 것이 아닌) 분투하는 삶일 때 기독교적 품위에 대한 요구이든가. 하지만 더 관대하게 보더라도 목사는 다른 사람들보다 분투하지 않는다. 그리고 그때 기독교적 품위의 포기이든가. 이 둘은 결합될 수 없다. 이 또한 문제의 결과이다.

더 많은 자격을 갖춘 목사들은 이것을 볼 것이다. 젊은 목사들은 그것이 옳다고 믿으면서 기꺼이 받아들이려 한다. 그러나 이 잘못된 품위와 근엄에 길들여진다면, 그래서 상황을 인정하는 것이 아니라 미결정 상태라면, 단번에 기독교에게 결정적인 영향을 주는 위험한 결과를 낳는다. 자, 이것이 그의 일affair이며 결과이다. 술 깬 우리는 우리가 어디에 있고, 기독교가 어디에 있는지 고백해야 한다.

사람들은 기독교는 '교리'라고 설명한다. '이 교리가 세상을 변화시켰다'고 선포한다. 오, 우리 바보들이여, 우리 교활한 건달들이여! 결코, 결코 어떤 교리도, 교리에 짓눌린 높은 지위의 사람들과 월급 받는 공무원들에 의해 섬김을 받는다고 해서 세상을 변화시키지 못했다. 그것은 연을 끌어내려 그 무게를 상승시키려 하는 것만큼이나 불가능하다. 그런 식으로 섬김을 받으면서 어떤 교리도 박해의 흔적을 일깨운 적이 없다.

세상을 변화시킨 것에 대한 질문을 하자면, 이것을 피할 수 없다. 그런 사람들은 그 질문에 대해 교리와 자기자신을 보호할 것이다. 그러나 결코 기독교를 보호하지 못한다. 이것이 어떤 교리를 제외한다면, 이 교리가 무엇인가를 만들 수 있는 결정적 지점이다. 즉, 기독교는 진리의 증인에 의해 섬김을 받았다.

그들은 이 교리를 통해 이익을 획득한 것이 아니라, 이 교리를 위해 희생하고 또 희생해야 했다. 이 진리의 증인들, 그들은 가족과 함께 교리에 의지하여 교리의 도움으로 살아간 것이 아니라 교리를 위해 살았고 교리를 위해 죽었다.

그로 인해, 기독교는 능력이 되었고, 세상을 변화시키는 능력이 되었다. 그런 식으로 기독교는 300년 동안 섬김을 받았고, 그런 식으로 세상의 능력이 되었다.

그때까지 거대한 영업자본working capital (내가 이것을 이렇게 부를 수 있다면)은 성립되었다. 질문은 그것을 어떻게 사용하였냐는 것이다. 슬프다, 퇴보, 기만은 이미 시작되었다. 세계를 변화시키는 대신에 기독교가 변화되기 시작했다. 세속적인 현명함은 이런 증인들의 삶, 그들의 고통과 피를 돈으로 혹은 명예와 명성으로 바꿀 수 있는 생각을 떠올렸던 것이다.

아주 현명하게 사람들은 자신에게서는 고통을 아꼈다. 선포자들은 죽은 자들의 고통을 자신의 유익으로 바꾸었다. 기가 막히게 성공했다. 몇 세기가 흘렀고, 온순하고 잘 속는 사람들은 무슨 일이 일어났는지 알아채지 못했다. 모든 곳에서 보상을 받고 명예를 얻었던 자들은 희생을 해야만 했고, 배은망덕ingratitude으로 보답을 받았던 죽은 자들이 아니라 감사의 마음을 갖고 있었던 교활한 자들이었다.

그것은 계속 진행된다. 현명한 자는 점점 더, 훨씬 더 교활해져서 자신에게는 고통을 아끼고, 능숙하게 금전적인 이익과 명예와 존경을 얻을 수 있는 새롭고 기발한 속임수를 발명했다. 다른 사람들은 고난을 당하고 십자가에 죽고 화형을 당했기 때문이다. 기만은 점점 더 현명해졌다. 그러나 불행하게도 기만을 간파하는 현명함도 증가했다. 그렇다고 기만을 간파하는 현명함이 사기꾼들보다 낫다는 것을 의미하지 않는다.

아니다. 그러나 사기 치는 현명함은 그것을 간파하는 위대한 현명함과 마주친다. 이 시대는 중단된다. 신사 숙녀 여러분, 300년 간 어렵사리 벌어들인 영업 자본은 다 소모되었다. 거기에서 어떤 새로운 기만을 짜낼 수 없었다. 더 이상 어떤 것도 추출할 수 없었다. 기만을 간파하는 현명함 역시 그만큼 위대했기 때문이다.

영업자본은 다 소모되어 재정보고서만 남았다. 중단해야 하는, 바로 그 상태situation이다. 기독교는 스스로 말해야 하는 지점에 도달했다. "나는 모든 것을 처음부터 다시 시작해야 한다. 내가 그의 마음을 사로잡을 만한 사람이 아무도 없단 말인가? 진정한 기독교가 무엇이고, 기독교를 설교하는 것이 희생하는 것이고 또 고난 당하는 것임을 기꺼이 이해하도록 내가 감동시킬 수 있는 사람이 아무도 없단 말인가?"

그런 한 사람이 있다면 혹은 몇 사람이 있다면, 그때 기독교는 다시

한 번 능력을 발휘하기 시작할 것이다. 그리스도인이 된다는 것(목사 혹은 교수뿐만 아니라)이 생계, 세속적 출세가 되어야 한다면, '이 교리'가 오랫동안 무엇이 된 적이 없는, 결코 될 수 없었던 무엇이 될 것이다.

이는 중단이다. 이 중단이 다른 어떤 것, 외재적인 어떤 것, 세속적 혁명이 되지 않도록 주의를 기울여야 한다. 이 중단은 맨 정신과 진리의 중단이 될 수 있으니까. 아무것도, 단 한 푼도, 누군가의 적법한 수입으로부터 대가를 받지 말아야 한다. 직함titles과 고관직dignities의 어떤 것도 안 된다. (기독교는 정말 이런 것에 아무 관심이 없으니까. 기독교의 운동은 스스로 조금씩 섬김을 받을 것이다.) 아니, 단 한 가지만 명확해져야 하고 잘 알려져야 한다. 이를 확신한다면 기독교를 위한 것이 아니라 자기자신을 위한 것이다.

그렇다고 기독교를 수단으로 이것들을 획득할 수는 없다. 이를 포기하는 것이 기독교이고, 추구하고 소유하려면 기독교의 방종indulgence이 필요하다. 무엇보다 혼란스러운 것들을 경계해야 한다. 누군가 개혁을 원할 수 있지만, 고차원적인 개혁을 하기보다 자신의 기쁨과 이익이 되도록 개혁하려는 것인지 유의하라. 그것은 희생을 가져오는 것을 의미하며, 기꺼이 고난당하는 것을 의미한다.

사람들은 기독교는 객관적인 교리이고, 그것을 어떻게 다루든 아무런 차이가 없다고 말함으로써 재주 부리고 싶어 한다. '교리'는 모든 것이다. 기독교를 폐지했던 것이 바로 이것이다. 그것은 이해하기에 쉽다. 무조건적인 것이 조건이 되는 본질이 기독교에 대한 실존적 자격 existential qualification 이다. 그렇지 않다면 기독교는 소개될 수 없다. 이것은 죽어야 한다 to die to 는 것이다.

한 번 시도해 보라. 누군가 기독교를 선포하는 일이 생긴다. 그것은 그의 생계, 출세이다. 그는 어떤 사람에게 말한다.

"당신은 죽어야만 합니다. 그 값은 십 달러입니다."

"뭐, 십 달러요? 누구를 위해서죠?"

"저를 위해서죠. 사람이 죽어야 한다고 선포하는 것, 이것이 저의 생계이며, 출세이기 때문입니다."

하나님("너는 죽어야만 한다"는 것을 요구하신 분)과 나, 단독자 the single individual, 시큼한 사과를 물어야 하며 죽어야만 하는 가련한 녀석 사이에, 중간 용어(선포의)로서 생계, 가족과 함께 하는 사람에게 돈이 잘 벌리기에 좋은 생계, 상담사의 지위, 승진이 소개된다.

이것은 불가능하다. 선포는 자기모순에 빠진다. 전 인류가 이 책임을 떠맡고 싶어 해도 아무 소용이 없다. 불가능하다. 성취될 수 없다. 첫 번째, 두 번째, 세 번째도 불가능하다. 그러니 망치가 내려치게 하라. 단 한 번에 결정나게 하라.

그것은 불가능하다. 일반적으로 알려졌고 이해하기 쉬운 대로, 사람의 입에서 선포한 것보다 삶이 선포한 것은 수십만 배 강력하게 효과적이다. 이런 종류의 선포는 기독교를 소개할 수 있는 것, 혹은 누군가를 감동시켜 죽을 수 있게 하는 것 to die to 으로부터 가능한 한 멀리 있다. 선포의 십만 배 정도 강력한 효과는 다음과 같이 표현하기 때문이다.

"아니다, 사람이 죽어야만 하는 경우와는 멀리, 가능한 한 아주 멀리 떨어져 있기 때문에 심지어 사람이 죽어야만 하는 것을 선포하는 것조차 '인생의 봄날에 즐기시오. 그것들이 시들기 전에 행복의 장미를 꺾으시오'라고 해서 인도하는 여러 길 중에, 몇몇 길 중의 하나가 되어 버렸다."

이것은 효과가 없을 것이다.

사람들은 이를 깨달았다. 그래서 기독교는 온화하게 되었다. 혹은 기독교의 선포가 그들의 출세였고, (자기 사랑은 말할 것도 없고 인류애로) 기독교를 사고파는 거래에 걸맞게 만들 필요를 알았다. 그것은 '위로'가 되었다. 어떤 가족은 쾌락에 헌신적인 삶을 살고 있다. 그때 기독교를 선포하는 누군가 도착해서 말한다.

"영원의 부드러운 위로를 사용하지 않겠습니까? 내가 가진 물품들을 찬양할 마음은 없습니다만 이것을 인생의 가장 큰 편익과 쾌락 중의 하나라고 부를 수 있을 것입니다. 이것은 슬픔을 완화시켜 주고 기쁨에 적절한 맛을 주는 대단한 것이죠. 50달러 정도 듭니다."

"이런, 좋군요!"

그러나 삶의 헌신없이 이런 식의 위로처럼 기독교를 판매하는 것, 이것은 방종indulgence이고, 기독교와 사업하는 것이다.

선포자는 말한다.

"그러나 사람은 그를 따라 살아야 한다고 설교합니다."

"여보게, 당신의 입으로 무엇을 설교하든, 당신의 삶이 생계, 가족들을 위한 좋은 수입에 이르는 길, 세속적 명예와 존경에 이르는 길이라는 것을 설교한다면, 그때 죽어야 한다는 것으로 사람들의 삶을 사로잡는 것은 정말 조롱입니다. 생계나 출세 때문에 죽어야만 한다고 선포하는 사람은 그것을 강조하여 설명할 수 없기 때문입니다."

여기에서 다시 중단된다. 기독교를 엄밀하게 이해할 때 죽는다는 것은 시종일관 중요하다. 처음부터 기독교를 진정으로 선포한 사람들은 이를 표현했다. 그들은 죽었다. 이제 순위는 바뀐다. 기독교를 선포하는 것, 혹은 기독교가 당신이 죽어야 한다고 선포하는 것은 죽는 것의 정반대이다. 죽는 것이 아니다.

죽는 효과는(나에게 동의할 수 있다면, 무엇인가 효과를 낼 수 있으려면) 거기에 맞는 의미가 있어야 한다. 효과를 내려면 먼저 고백해야 한다. 이 기독교의 선포는 세속화되어(세속적으로 조직화되고, 세속적으로 정상화되고, 세속적으로 보장된 것 등) 선포자의 생계와 출세가 되어 있기에 기독교가 아니다.

아무리 진실하게 교리를 선포해도 '건전한 교리'일 뿐이다. 내 의견으로(나는 권위 없는 시인이고 기껏해야 우리의 연약함을 고백하기 위해 싸울 뿐이다. 권위 있는 누군가는 우리에 대해 상당히 다르게 판단할 수 있다) 오류는, 오랫동안 어떤 사람도 천 명의 목사들의 모든 사업이 기독교가 아니라고, 빛바랜toned-down 가르침이라고 고백하지 않았다는 데 있다.

진정한 기독교와 비교하면 특성을 부드럽게 만들었다. 이런 선포가 선을 행할 수 없다고 말할 마음이 조금도 없지만, 기독교가 위엄 있게 감찰할 수 있게 이것은 기독교가 아니라는 고백을 하라고 요구하는 것과는 별개이다.

그런 기독교의 선포가 무조건적으로 찬양할 만한 것이 아니어도, 결코 그럴 수 없어도, 여전히 장애물로 보지 않던 시대가 있었다. 당시 성도들은 잘 몰랐고, 무한을 위한 분투와 유한을 위한 분투 사이의 관계에 대해 덜 현명했으며, '장담assurances'한다는 것이 무엇을 의미하는지 제대로 알지 못했다.

현재 상황에서 기독교의 선포자는 어떤 것이 어떤지, 그가 원하는 것이 유한한 것인지 무한한 것인지 대중들은 잘 모르지만 이를 잘 알고 있는 성도들 앞에서 담대한 자신감과 깨끗한 양심을 가질 수 없다. 이것 "또한also"은 또한 무한을 원하면서, 또한 유한을 원하면서, 입에 잔뜩 케이크를 물기 원하고, 또한 휘파람을 불기 원하는 것은 "또한"일 뿐만 아니라 철저히 완전하게 쓰레기이다.

사람이 유한을 얻는 동시에 그가 원하는 것은 무한이라는 장담은 소용이 없고, 회중과 선포자가 이것을 알고 있다는 것을 숨기지 않는다. 그들이 알고 있다면, 이것이 유한과 유한한 이익을 놓음으로써 본질적인 변화가 명백해지지 않든가, 이런 기독교의 선포가 정말 기독교가 아니라고 고백함으로써 본질적인 변화가 명백해지지 않는다면 참을 수 없다.

이것은 겸손에도 동일하다. 어린아이에게서 겸손은 한 가지이다. 아이가 성장했고 지식을 갖게 되었다고 가정하자마자, 겸손은 다른 무엇이 된다. 지식이 들어온 후에, 이 지식이 있다는 공유된 지식과 양자에 대한 지식이 있다고 가정한 후, 이것이 들어온 후, 첫 번째 같은 겸손을 보호하려는 것은 겸손이 아닐 뿐만 아니라 가장 타락하고 부패한 불멸immortality일 것이다.

금전적으로 뿐만 아니라 존경, 명예, 직함, 그리고 계급과 관련하여 기독교를 선포하는 것, 그의 선포자들은 기독교를 위해 모든 것을 희생했던 사람들이 있었다는 사실을 가지고 너무 오랫동안 먹고 살았다. 이것을 알고 있는 회중을 더 이상 납득시킬 수가 없다. 왜 모순을 납득시킬 수 있어야만 하는가.

모순은 이렇다. 기독교를 위해 모든 것을 희생했던 사람들이 있었다는 것과 선포자가 그것으로 먹고 사는 것을 보는 것, 그리고 그것을 수단으로 다양하고 잡다한 세상적 재물을 소유하는 것을 보는 것, 이를 바탕으로 누군가 기독교의 진리를 입증하는 것을 듣는 것. 진실로 그것(모순)은 그 입증의 반박refutation이다.

위험한 것은 회중이 알고 있고, 선포자가 알고 있고, 양자가 상호 간에 이 지식을 알고 있어도 이 지식에 대해 기꺼이 다 털어 놓으려고 하지 않는다는 것, 오히려 더 고귀하게, 더욱 격식적인 어조 속에 비밀리에 알고 있는 비진리 속에 담아두려 한다는 것이다. 이것이 타락하게 하는 위험한 요인이다.

회중은 진정한 입증을 볼 필요가 있다. 모든 것을 희생했던 사람들이 있었다는 사실로 내가 먹고 사는 것이 아니라, 어떤 경우라도(권위 없는 시인인 나는 너무나 강하게 이 삶에 고착되어 있어서, 또한 겁쟁이여서 일반적으로 시인처럼 고백할 수 있는 용기로, 시인이 갖고 있지 못한 무엇을 더 쉬운 길에 이르도록 지켜야 하기 때문에), 회중은 잘 알고 있는 현명한 자들에게 아무것도 의미하지 않는 확신에 먹이를 주는 대신에 진리와 고백을 필요로 한다(나와 다른 사람에게 확실히 공급할 수 있어야 하는 무엇).

그리고 선포자 또한 확실히 진리가 말하도록 하는 것이 필요하다. 이것이 어떤 작은 유익이 될 수도 있다. 내 의견으로 보면, 그가 이 길에서 진실하다면, 정말로 기독교가 아니라고 고백한다면, 선포가 그와 그의 가족에게 세상의 모든 것들을 더하신다고 했다면, 훨씬 더욱 풍부하게 그 선포가 그의 출세가 되어야 한다면, 그는 정말 많은 유익이 있을 수 있다.

결과적으로 둘 중의 하나이다. 기독교를 선포하기 위해 희생과 고통을 감수하며 이 세상의 것들에 대한 실제적인 포기가 있든가, 이 세상의 일시적인 것들을 획득하지만 그때 이런 선포가 정말로 기독교가 아니라는 고백을 하는 것. 어떤 사람도 다른 사람에게 첫 번째 형태를 요구할 만한 권리가 없다. 그는 자신에게 그것을 요구할 만한 권리가 있다.

우리 인간들은 서로 두 번째 것을 요구할 만한 권리가 있다. 이 문제에서 진실성truth이 있어야 하니까. 잘 알고 있는 이 두 부분 사이에서 장담하는 이 애매모호한 놀이를 끝내야 하니까. 말하자면, 이런 장담들이 무엇을 의미하는지를 잘 알고 있는 사람들에 의해 만들어진 장담들과, 그 장담들이 무엇을 의미하는지 잘 알고 있는 사람들에게 진실한 상황의 억압으로 만들어진 장담들이다.

장담하지 마라

이런 장담들! 매 세대마다 사람들은 이 세상의 것들에 대한 조용한 취득과 소유를 계속해 오는 동안, 이 장담을 계속 사용하고 있다.

"나에게서 이것을 요구한다면, 나는 모든 것을 기꺼이 버릴 것이며, 기독교를 위해서 모든 것을 희생할 것입니다."

그리고 단독자, 그가 이 세상의 것들에 대한 조용한 취득과 소유를 계속하는 동안, 20년, 30년, 40년, 평생 이 장담을 사용하고 있다.

"나에게서 그것을 요구한다면, 나는 모든 것을 기꺼이 버릴 것이며, 기독교를 위해서 모든 것을 희생할 것입니다."

그 사이에 세상은 도덕적으로 붕괴되었다. 그러나 장담하는 자들 중에 단 한 명도 지금 나에게서 그것을 요구한다는 것을 알지 못한다. 그는 단지 "만일 …라면"이라는 장담만 하고 있을 뿐이다. 즉, 그는 세상의 것들을 계속 구하고 취득하고 소유한다. 또한 그는 영웅이 되었다. 명확하지 않는 것은 그의 실수가 아니었다. 그것을 요구한다면… 그는 완전하게 기꺼이 하려 한다. 그는 "만일 …라면"이라는 장담을 했다.

내가 젊었을 때, 첫 번째 대학 시험을 치를 자격을 얻지 못했던 젊은이가 있었는데, 그가 말했다.

"다음에는 해낼 수 있을 거야."

그래서 그의 이름 대신 "다음에는 해낼 수 있을 거야"라고 불렀다. 장담들도 마찬가지이다. 사람들은 청년의 그 과정을 몇 년 더 지켜볼 뿐이나, 그들은 저 청년보다 더 오래 지속할 수 있을 것이다.

이제 그런 장담의 시대는 지나갔다. 300년 동안 불멸의 성취, 놀랄 것도 없다. 내가 이렇게 말할 수 있다면, (한 사람이 다른 사람의 영웅적 행위에 의지하는 것은 혼란스럽고 의미 없어 보여도) 장담을 수단으로 의지할 수 있을 만한 거대한 자금을 끌어 모았다. 이것이 얼마나 혼란스러운 것인지 명백해지기 전에 오랫동안 의지할 수 있는 거대한 자금을 끌어 모았던 것이다.

이런 장담, 자금, 은행이 되기 위해 은행이 소유해야만 하는 자본, 기독교계의 은행이 소유했던 이 자본, 신사 숙녀 여러분, 이것은 다 소모되었다. 은행에 의지하는 대신에 우리는 먼저 행위, 행위의 성격을 지닌 진정한 자본을 가진 새로운 은행을 만들어야 한다.

내가 그것을 할 수 없다면, 내가 할 수 있는 한 가지, 내가 해야만 하는 한 가지, 그리고 내가 하게 될 이 한 가지, 나는 적어도 '장담'에 의해 허위로 결과로 돌리는 일은 하지 않을 것이다.

당신, 영광스러운 자, 당신이여. 나는 적어도 당신을 속여 당신의 정당한 대가, 존경의 보수, 당신의 삶을 위한 감사의 보수, 행위의 보수, 당신이 인류에 남겨 놓은 것을 빼앗는 일을 그만둘 것이다. 그것을 거짓된 구실로 돈 같은 것들로 바꾸기 위해 하는 것이 아니라, 현명하게 다음 세대가 닮아 가도록 격려하기 위해 그렇게 할 것이다.

'장담하지' 말아야 한다. 내가 영웅이 될 수 없다면, 그 단어의 모든 의미에서 될 수 없는 무엇이고, 그때 어떤 경우에도 "만일 …라면"이라고 장담하지 않을 것이다. 내가 그 영웅처럼 나타나지 못했던 것이 환경 탓이라고 핑계대지 않을 것이다. (나는 환경을 요구하지도 않았으니까.)

나는 진정으로 영웅인 척하면서, 또는 영웅이 될 기회만을 기다리면서, 다른 사람처럼 너무 쉽게 돈 욕심, 명예 욕심을 부리는 사람이 되지 않을 것이다. 아니, 서술했듯이 내가 영웅이 될 수 없다면, 그것이 될 수 없다는 것이 명확해져야 한다. 진실은 내가 영웅이 될 수 없다는 데 있다. 세계의 상태가 고대에도 본 적이 없는 도덕적 붕괴 상태일 때 "그것을 요구한다면" 허튼수작이라는 것이다. 그와 같았다면 기독교가 세계로 들어올 수 조차 없었다.

다른 사람도 그것을 할 수 없다면, 나는 감히 기독교와 하나님의 이름으로 "만야 …라면"이라고 장담하는 사람들에게 말할 것이다.

"당신이 그것을 요구받은 적이 없다기보다 어떤 사람이 되기 위해, 즉 영웅이 되려고 한 적이 없었다면, 오, 소중하고 존경받는 친구여, 그것은 요구받지 못한 것만은 아니다. 이제 마지막 때가 되었다. 너무 늦지 않았다면 서둘러라, 서둘러라!"

장담의 시대는 지나갔다. 장담들, 이것은 위선적 발명품들 중에서 가장 위험하다. 심지어 바리새적인 행위에서 나온 의로움 work-righteousness 보다 훨씬 더 위험하다. 그것은 적어도 삶을 엄격하게 살아야 할 진실한 무엇이 있는 반면, 장담은 아무것도 없으면서 허위로 자신의 결과가 최고라고 돌려 버리기 때문이다.

장담의 시대가 과거라고 알았다면, 다시 장담에 사로잡혀 철없는 소리를 들먹이거나 동요하지 않으며 빠른 결정을 하였을 것이다.

"가라, 장담은 가라. 가장 위험한 취기들은 가라!"

술 좀 깨자! 매년 나의 삶이 다른 사람과 똑같다고 반복한다면, 나는 적어도 "만일 …라면"이라는 장담에 대해 입을 닥칠 것이다.

독자들이여, 독자들이여, 회중들이여! 더 정확하게, 기독교 대중들이여, 만약 장담이 폐지된다면 다양한 반대가 있을 것이다. 심지어 "장담"을 상기시키기 위해 어떤 노력을 할 수도 있다. 인정하듯이 장담은 선포자들이 사용한다. 기독교가 진지해지지 않도록 선포자들에게 이런 비진리를 강요함으로써 가장 큰 영향을 받는 것은 청중, 그리고 세상이다.

옛날에 (사람이 실제로 본보기와 관련이 있을 때, 그들이 자신을 지나치게 소중하게 여겼더라도 진실한 방식으로 본보기들을 닮아야 한다고 이해했거나, 존경심이 가득해서 그들을 진심으로 붙들었다. 그들은 본보기들을 예배하는 것에서 멀리 떨어져 있어서가 아니라, 닮겠다고 하면서 자신을 제외하는 교활한 장치에서 멀리 있어서였다.) 그 옛날에는 선포자의 삶이 교리를 표현하도록 요구했다. 이를 진지함이라고 일컫는다.

오늘날에도 마찬가지로 선포자의 삶이 보증이었다. 오늘날 (세속적인 분별이 본보기들과 우리 사이에 끼어들 때, 즉 본보기를 제거하거나 터무니없이 먼 거리에 놓을 때, 그런 동시대적인 삶을 같이 분투할 때, 그것을 터무니없는 것들 중에서 가장 터무니없는 것으로 간주한다.) 그런 종류의 기독교의 선포가 기독교 대중에게는 진지한 문제이기도 하다.

그러므로 요구사항이 달라졌다. 기독교의 선포와 함께 세상에서 성공하기를 바란다면, 이제 당신의 삶은 선포와는 정반대의 것을 표현하게 된다. 당신의 삶은 선포와는 정반대의 것을 표현함으로써, 선포가 예술적 흥밋거리artistic enjoyment이며, 눈물과 몸짓 같은 것들이 뒤섞인 희극적 연출dramatic production을 해서 보증하려 한다.

몇 가지 예를 들어보자. 이것이 당신이 선포하고 싶어 하는 것인가? 그리스도인은 세상의 명예와 영광, 직함과 계급, 메달과 훈장ribbon을 경멸해야 한다는 이 기독교적 메시지를 선포하고 싶은가? 그렇다면 당신은 문자적으로 무nothing이다. 그렇다면 이런 것들을 성취할 수 있어도, 당신은 성취하기를 원치 않았다는 것이 잘 알려진 바이다.

여보게, 그러나 당신이 말하려는 것은 이것이 아니다. 너무 진지해 보일 수 있다. 그러면 기독교 대중들은 격노할지도 모른다. 기독교가 위로 대신에, 예를 들어 계급과 직함을 얻기 위해 열정적으로 분투해도 그것을 얻을 수 없을 만큼 운이 나쁜 사람들의 위로가 되는 대신에, 그들의 삶을 차지하려는 것처럼 보이기 때문이다. 반복했듯이, 이는 당신이 말하려는 것이 아니다.

그래, 무엇보다 당신을 위해 높은 위치를 획득하라. 몇 개 혹은 아주 많이, 많으면 많을수록 좋다. 메달과 훈장을 받으라. 그리고 온 마음을 다해 기독교가 직함과 계급, 메달과 훈장을 경멸한다고 설교하라. 당신은 미리, 그리고 앞으로도 설교하기 전이나 후에 기독교 대중들에게 박수갈채를 받을 것이다. 당신이 괜찮다면 눈물로 설교해도 된다. 당신의 삶은 선포가 예술적 작업이라고 보증하고 있으며, 오히려 교회보다 극장에서 눈물의 감동을 더 많이 줄 수 있기 때문이다.

이것이 당신이 말하고 싶었던 것인가? 기독교는 독신 상태를 더 좋아하고 당신은 결혼하지 않았다는 것인가? 여보게, 이것은 당신이 말하려는 것이 아니다. 기독교 대중들은 그 내용을 신중히 취급해야 하고, 그래야 하나님께서 당신을 돕는다고 믿을 것이다. 아니다. 여유를 가져라. 무엇보다 아내를 찾아라. 그리고 나서 기독교는 독신 상태를 선호한다고 설교하라. 그에 대해서는 조금만 울라. 기독교 대중들은 조용한 시간에 당신과 더불어 감동하여 울 것이다. 당신의 삶은 선포가 예술적 작업이라는 것을 보증하기 때문이다.

이것이 당신이 주고 싶었던 메시지인가? 기독교는 오직 한 번만 결혼해야 한다고 주장하는가? 그러면 당신은 처음 결혼했는가? 여보게, 이것은 아직 당신을 위한 것이 아니다. 당신이 그것을 설교하기까지 오랜 시간이 걸릴 수 있다. 어쩌면 당신은 결코 설교할 수 없을 것이다. 어쨌든 기다리라. 당신의 첫 번째 아내가 죽고 두 번째 결혼을 했을 때, 혹은 그런 일이 발생했다면 바로 지금이다! 이제 기독교는 오직 한 번 결혼해야 한다는 의견이라고 설교하라! 당신은 기독교 대중의 박수갈채를 받을 것이다. 당신의 삶이, 당신의 선포가 객관적이라고 보증하기 때문이다.

맞다. 사람들이 지나치게 기독교의 선포자들을 비난하는 것도 사실이다. 그들에게서 실수를 찾아내려고 하는 것도 사실이다. (이것이 기독교 대중이 좋아하는 방법일 수 있다.) 그러나 사람들이 두려워서 (선포자들은 이에 굴복하지 말아야 한다) 선포자들로 하여금 기독교 대중을 속이도록 강요하는 자들은 바로 기독교 대중들이다. 모든 것에 대해 보증을 요구하는 세상 탓에 기독교가 선포를 통한 능력, 삶에 영향을 줄 권리를 갖지 못하도록 자신을 보호하려고만 한다. 이 세상은 선포자의 삶이 혼자 복싱하듯shadowboxing[34] 선포하게 만들도록 보증을 요구한다.

---

34 상대를 가상하여 혼자 권투 연습을 하는 일.

세상은 속임 당하기를 원한다. 아, 그렇게 속는다면 그리 위험하지 않다!? 세상은 속임 당하기를 원한다. 진리의 증인들이 진리를 위해 했던 어떤 싸움보다 강하게, 더 강하게, 더 열정적으로 세상은 속기 위해 싸운다. 세상은 가장 감사하다며 박수갈채로, 돈으로, 명성으로 보상을 받는다. 결국 그 소원에 순응한 사람은 속임을 당한다. 오늘날 만큼 세상이 술 깨야 할 필요가 있었던 적은 없었다.

요약하면, 이것이 신약의 정확한 진술이다. 즉, 기독교와 진정한 그리스도인이 된다는 것은 고차원적인 면에서 일반 사람에게 실족 offense 이다. 그들은 기독교를 큰 반역으로, 진정한 그리스도인을 비천한 반역자로 간주해야만 한다.

그렇다고 반역과 반역자가 가혹한 처벌을 받는 건 아니다. 기독교는 정신spirit에 관한 자격이어서, 죽음으로써 영적spirit으로 거듭나지 못했던 자들[35]에게 기독교가 드러내는 방식이라고 보는 것이 쉽다.

자, 그의 삶에서 ("장담"은 제거되어야 하니까) 그가 죽었고, 그의 영혼을 최소한이라도 내게 보여준 사람을 본 적이 없다. 나 역시 그런 사람이 아니라고 생각한다. 그렇다면 모든 나라와 국가에서 모든 사람이 그리스도인이 되는 일이 어떻게 일어날 수 있는가? 우리에게 백만 명의 그리스도인이 있을 수 있을까? 기독교의 스승이 되어 달라는

35　정확한 의미에서 이 부분은 죽음으로써 "정신(spirit)"이 된다는 의미이다. 이하에서는 "영적"이라는 말로 옮겼음을 일러둔다. 여기에서 말하는 죽음은 육체의 죽음을 의미한다기 보다는 세상에 대하여, 이기심에 대하여 죽는 것을 의미한다. 즉, 성령에 의해 거듭난 정신이다.

요구와 압력이 일어날까?

누군가 진리 안에 있는 기독교를 제시하려고만 하면 곧바로 이런 아우성이 올라온다.

"그는 우리에게 반역자이다."

아하! 확신컨대, 조금 더 진실하게 기독교를 제시하려는 나의 약하고 온화하고 권위 없는 시도 때문에 어떤 사람들은 내심 나에 대해 이런 식으로 판단할 것이다.

"그는 우리에게 반역자이다. 그는 우리를 배신하고 있다."

그들은 큰소리로 말하지 않는다. 그들은 관심이 쏠리지 않도록, 내가 아니라면 그 문제가 더 세부적으로 집중되지 않도록, 신중하게 여기지도 않는다. 그러나 내가 그것에 대하여 더욱 강력한 해석을 제공한다면, 아니다. 나는 영적spirit이지 않다. 그러므로 할 수 없다. 그러나 조금 더 열정적으로 진리 가운데 있는 기독교에 주의를 기울인다면, 내가 그렇게 했다면, 그때 비로소 심판은 크게 선언될 것이다.

"이것은 인간에 대한 반역이다!"

아하! 우리는 기독교를 진정으로 기독교적인 것과 완전히 다른 무엇으로 만들어 버렸다. 그러므로 그것에 대한 심판 역시 다른 무엇이되었다. 기독교를 다시 한 번 더 진리 안에서 출발시키자마자, (신약성서의 예언처럼[36]) 진정한 심판이 오게 될 것이다.

---

36 눅 17:22-37, 18:8

"이것은 인간에 대한 반역이다!"

천체의 운동에 대한 천문학자의 계산이 오히려 확실하지 않다. 그러니 우리도 이 시대를 극찬한다. 기독교가 더 이상 박해받지 않기 때문이다. 나는 기독교가 존재한다고 생각하지 않는다. 기독교가 진리 안에 존재했다면 박해는 즉시, 인간적인 것에 반항하는 이 반역을 뒤따랐을 것이다.

나는 이것을 정확하게 이해하고 있다. 나는 영적spirit이지 않기 때문이다. 그런 이유로 나와 동행하고 순복하도록 조용히 독자를 초대할 수 있다고 믿는다. 나는 소박한 고백 이상으로 이 문제를 취급하지 않기 때문이다. 이것은 비진리 속에서 길을 잃고 맹신blindness에 찌들어 버린 사람들 외에는 반역이라고 일컬을 수 없다. 다른 방식으로 그들을 돕고 있는 것을 보지 못하기에 그들에게는 마치 체벌corporal punishment과 같다.

그들이 눈을 떠서 볼 수만 있다면, 기독교 세계가 고백함으로써 자신을 보호하기 전에, 세상적인the profane 것이 현존하는 기독교 세계에 대해 항의한다면, 문제는 아주 달라진다는 것을 보게 될 것이다.

일반 사람들(내가 속해 있는 범주)은 진리에 대해 갈망이 있다. 그들은 '기독교'라고 부르는 것이 진실한 기독교가 아니라는 것이 명백해지면, 확신하면, 그것을 인정하는 것 이상 아무것도 바라지 않게 된다면, 기꺼이, 이를 기꺼이 실행에 옮길 것이다. 나에게 또 다른 사람에게 실제로 영적이어야 한다는 것이 요구조건이라면, 우리는 몹시 분개할 것이다.

그러나 그렇게 멀리 가지 않는다. 이런 식으로 정당화 하는 것이 이 상하게 보여도(더 고차원적인 의미에서 자신에 대한 고발accusation 같 아서), 나는 진실하게 말할 수 있다.

"나는 어떤 반역죄도 범하지 않았습니다. 나는 영적spirit이지 않습 니다."[37]

이것이 기독교 세계, 기독교 국가에서 나타나는 현상이라면, 극도 로 술 깨야 할 때라고 해야 하지 않는가? 이는 관대한 방안이 아닌가? 놀랄 것 없다. 아주 관대한 방안이다. 이를 제안한 사람이 나이고, 나 는 연약한 자이고 권위 없는 시인이기 때문이다. 이를 인정하는 것 외 에 아무런 질문도 없다면, 방안들 중에서 가장 관대하다는 것이 아닌 가? 우리가 순전히 착각하여 계속 술 취해 있다는 것이 어떻게 유익 을 줄 수 있겠는가? 정말이지, 나의 성과가 얼마나 초라하고 평범한 지 아주 깊이 알고 있다. 그러나 의미 있는 일이다. 내가 더 멀리 가지 만 않는다면 언제까지나 이를 말할 것이다.

"우리가 기독교라고 부르는 것은 결코 진정한 기독교가 아니다."

나는 이렇게 고백해 왔다. 지금의 기독교는 아주 빛바랜toned-down

---

37   *Pap.* X⁶ B 29:6. 최종본에서 삭제된 것: 우연히 그것은 나와 함께 사라져 버렸다. 사실 나에게 기독교의 깊은 충격을 가하거나 야기시키도록 강요했던 나의 동시대 사람들에 의해 저자로서 나에게 자행되었던 작은 배반이 있다(역사가 틀림없이 밝힐 것으로). 이리하여 나를 양육했고, 나를 이 배반에 주의를 기 울이도록 가르쳤던 현 시대가 있다. 그래서 나는 결국 이런 무한히 온화한 형태로 가르칠 수 있고, 그것 은 반복적으로 내가 권위가 없고 정신이 아니라는 것을 함의한다.

채 기독교와는 거리가 멀어진 무엇이다. 이는 진정한 기독교가 아니라고 큰소리로 명확하게 인정해 왔다.

오, 하나님, 저에게 당신이 의도한 바를 행하소서.
당신의 자비를 따라 저에게 행하소서.

모든 세대, 또 나의 세대에도 더 엄격하게 그리스도인의 조건을 제시한 사람들이 있었다는 것을 잘 알고 있었으나 그들과 함께 할 수 없었다. 그렇다. 나는 좀 더 관대한 형태, 완화mitigation해서 수용하는 것을 더 진실하게 여긴다. 그러나 이를 진정한 기독교가 아니라고 해야 더 진실하게 보일 것이다. 그렇게 내가 여기에 있다.

술 깨는 것과 관련하여, 나는 술 깨지 못했다고 알고 있다. 오직 영적으로 spirit 술깨야 하니까. 그러나 빛바랜 개념이 진정한 기독교라고 착각할 만큼 술 취하지 않았으며 멍청하지도 않다. 대다수가 그리스도인의 이름으로 살게 하는 빛바랜 기독교에 대입해서 스스로 진정한 그리스도인이라고 나를 기만할 정도로 술 취하지 않았다. 그렇다.

오, 하나님! 제가 고백합니다.
내가 진실로 당신의 은혜 앞에 서 있습니다.

그렇다고 술이 깬 것도 아니다. (나 또한 스스로 동정하여 나 자신을 소중히 다루기 위해, 은혜를 다른 곳에서 소개하게 되면서 나의 삶이 영적이라고 표현하며, 그러나 무조건 은혜 아래 숨으며, 훨씬 더 엄격해야 했으니까. 이것은 술 깬 것이 아니다. 그렇지만 술 깨는 것과 관련이 있다.

어떤 정직한 사람도(정직하지 못하게 그리스도인인 척하면 무슨 소용이 있는가! 그러나 영원에서, 먼저 이 문제를 중요하게 다루고 결정적이게 될 것이다. 정직할 수밖에 없다!) 너무 엄격하다, 너무 가혹하다고 정직하게 말할 수 없다. 그렇다, 확실히 그렇다! 하늘에 계신 하나님이 관대하게 보실지는 별개의 문제이다.

어쨌든 고백은 술 깨는 것과 관련이 있다. 이는 진정한 기독교가 존재하고 수백만 명의 사람들과 수천 명의 성직자들에게 존재하는 척하는 것과는 무한한 차이가 있다. 이 모든 것은 진정한 기독교가 아니라 빛바램a human toning down이라고 고백하는 것과는 무한한 차이가 있다. 그리고 빛바램을 고백하면서 존재한다. (고백하지 않는다면, 이 빛바램은 기독교와 함께 결별했을 텐데.) 따라서 빛바램은 진정한 기독교와 관련이 있고 술 깨는 것과 관련이 있다.

02

한 사람이
두 주인을 섬길 수 없다

Søren Kierkegaard

"너희가 하나님과 재물을 겸하여
섬기지 못하느니라" _마태복음 6장 24절

한 사람이 두 주인을 섬기지 못할 것이니 혹 이를 미워하고 저를 사랑하거나 혹 이를 중히 여기고 저를 경히 여김이라 너희가 하나님과 재물을 겸하여 섬기지 못하느니라 그러므로 내가 너희에게 이르노니 목숨을 위하여 무엇을 먹을까 무엇을 마실까 몸을 위하여 무엇을 입을까 염려하지 말라 목숨이 음식보다 중하지 아니하며 몸이 의복보다 중하지 아니하냐 공중의 새를 보라 심지도 않고 거두지도 않고 창고에 모아들이지도 아니하되 너희 하늘 아버지께서 기르시나니 너희는 이것들보다 귀하지 아니하냐 너희 중에 누가 염려함으로 그 키를 한자라도 더할 수 있겠느냐 또 너희가 어찌 의복을 위하여 염려하느냐 들의 백합화가 어떻게 자라는가 생각하여 보라 수고도 아니하고 길쌈도 아니하느니라 그러나 내가 너희에게 말하노니 솔로몬의 모든 영광으로도 입은 것이 이 꽃 하나만 같지 못하였느니라 오늘 있다가 내일 아궁이에 던져지는 들풀도 하나님이 이렇게 입히시거든 하물며 너희일까 보냐 믿음이 작은 자들아 그러므로 염려하여 이르기를 무엇을 먹을까 무엇을 마실까 무엇을 입을까 하지 말라 이는 다 이방인들이 구하는 것이라 너희 하늘 아버지께서 이 모든 것이 너희에게 있어야 할 줄을 아시느니라 그런즉 너희는 먼저 그의 나라와 그의 의를 구하라 그리하면 이 모든 것을 너희에게 더하시리라 그러므로 내일 일을 위하여 염려하지 말라 내일 일은 내일 염려할 것이요 한 날의 괴로움은 그날로 족하니라 마 6:24-32

주 예수 그리스도시여,
"어떤 사람도 두 주인을 섬길 수 없다"고 말씀하신 것은
우리를 괴롭히려고 한 것이 아니라 구원하려고 하신 겁니다.
이 말씀에 부응하여 행함으로써, 당신을 따름으로써 이 말씀을 지키도록 하소서.
우리 모두를, 각 사람을 도와주소서.
주여, 주님은 행할 수 있는 능력과 의지가 있는 분입니다.
주여, 주님은 모범이시며 구속자이십니다. 결국 구속자이면서 모범인 분입니다.
그래서 분투하는 자가 절망하여 산산조각 날 때,
모범이신 것에 의기소침할 때, 구세주는 다시 일으켜 세우십니다.
그 순간에도 주님은 계속 분투하게 하는 모범이 되십니다.
오, 구세주여, 주님의 거룩한 고난과 죽음으로 인해
당신은 우리를 구원하셨습니다. 무엇으로도 영원한 구원을 얻을 수 없고
얻어서도 안 됩니다. 그것은 이루어졌기 때문입니다.
주님은 주님의 발자국을 남기셨습니다.(벧전 2:21)
인류와 각 사람에게 거룩한 모범이신 주여. 주님의 대속으로 구원받은 우리는
매 순간마다 주님을 따르려고 분투할 수 있는 담대함과 믿음을 발견합니다.

"한 사람이 두 주인을 섬길 수 없다." 이것은 복음의 말씀이다. 이 말씀을 갖고 세상 밖으로 나가 보라. 이 말씀이 가능한지 살펴보라. 수백만 사람들의 삶과 그들이 표현하는 것을 보라. 모든 죽었던 자들과 함께 했었던 누군가를 상상해 보라. 그가 세대들을 출발해서 수백만 사람들의 삶과 그들이 표현하는 것을 지켜보았다고 상상해 보라.

그들은 무엇을 표현하고 있는가? 그 입에서 무엇을 말하든지, 단 한 목소리로 말하는 것처럼 그들은 표현하고 있다.

"여태껏 두 주인을 섬기지 않는 결코 단 한 사람도 살지 않았어. 복음이 말한 것과 관련해서 이것은 수행될 수 없어.('한 사람이 두 주인을 섬길 수 없다 can not.') 이것은 오해임에 틀림이 없어. 복음이 '사람은 두 주인을 섬기지 말아야 한다 must not '고 말했다면 더 잘 이해할 수 있었을 텐데. 그러면 전 세계의 경험이 증명한 대로, 그것은 확실히 잘 수행될 수 있을 거야. 그러나 누구도 이것은 할 수 없어. 그래, 그것은 그런 게 아니야. 그러나 누구도 할 수 없는 것을 복음은 요구하고 있어. 다른 것들은 잘 수행될 수 있을 거야. 그리고 당신이 이 세상에서 어떤 대단한 인물이 되기를 바란다면, 당신은 두 명, 혹은 그 이상의 주인을 섬겨야만 하는 것이 확실해. 오직 한 주인만을 섬기는 데에 정말로 진지해지기를 원했던 사람은 누구나 그의 발걸음을 더욱 조심하는 편이 나으니까. 그것은 위험한 과업이니까."

그러나 아마 세상과 복음은 완전히 다르게 말하고 있다. 세상은 이 세상에 대하여 말하며 단순하고 유일하게 이 세상에 대하여 말한다. 다른 세상이 있다는 것을 모르고 있으며 알고 싶어 하지도 않는다.

"이 세상"에게 다른 세상은 위험한 발견일 것이다. 복음은 영원하게 말하고 있고 이 다른 세상에 대하여, 영원에 대하여 말하고 있다. 한 사람이 두 주인을 섬길 수 없다. 맞다, 모든 영원에서는 그럴 수 없다. 어떤 사람도 영원히 그것을 할 수 없다면, 물론 누구도 할 수 없다.

그것을 할 수 있는 것처럼 보인다는 것, 맞다, 일시적으로temporality 몇 초만 사람이 할 수 있다고 하는 것이 사실일 수 있다.

그러나 사람이 할 수 있는지 없는지는 진리와는 하등의 관계가 없다. 복음은 (다른 이야기, 소설, 거짓, 그리고 다른 낭비자들과 달리) 사람이 어떻게 출세할 수 있는지 같은 것을 생각하며 많은 시간을 낭비하지 않는다. 복음에서 70년의 세월은 단지 순간에 불과하다. 이는 영원의 결단으로 서둘러 간다. 또한 복음은 이생의 삶과 세상에 대한 밝은 전망들에 매달려 있지도 않다. 복음은 사람 앞에 영원히 변하지 않으면서, 사람 앞에 영원한 진리를 선포한다.

"한 사람이 두 주인을 섬길 수 없다."

이것은 복음의 말씀이다. 이 말씀을 갖고 적어도 이 말씀을 이해하고자 애쓰는 사람을 지켜보라. 말씀이 이해되기를 원하면서, 또한 실천하기 위해 애쓰는 사람들을 지켜보라. 이 사람들을 보라. 그러면 당신은 그들의 입이 아니라면 그들의 삶이 만장일치로 다음을 표현하는 것을 볼 것이다.

"이것은 우리에게 너무 높아lofty. 오직 한 주인을 섬긴다는 것은 불가능해. 그래. 누구도 그것을 할 수 없어."

그러나 복음은 영원히 변치 않으면서 누구도 두 주인을 섬길 수 없다고 말한다. 그리고 당신이 낙담한 순간에 이 사람들을 가까이 지켜보면, 그들이 자신의 입술을 훈련시킬 수는 있어도, 그들의 삶은 여전히 다음과 같이 표현한다.

"이것은 우리에게 너무 높아. 우리에게 이런 것을 요구하다니. 정말로 잔인하다. 이 복음을 '좋은 소식'이라고 부르다니, 이 세상에 어떤 것도 작은 권리로 이런 주장을 하지 않는다. 이런 웃고 있는 잔인함에 남느니 차라리 융통성이 없는 가혹함을 지닌 율법에 남자. 가능하다면, 이 조건은 율법의 조건보다 훨씬 더 어렵다. 이것이 좋은 소식이라니!"

바로 이것이 실족이다. 그 입은 침묵할지라도 낙담이 사람의 영혼 위로 올라갈 때, 이 실족은 뒤처지지 않는다. 실족하는 사람들에게 거주하고 있는 것들이 이와 같은 생각이다. 우리가 이 생각들을 꺼내보자. 가능하다면, 그것들을 꺼내기 위해 세상 속이 아닌 세상에서, 혹은 적어도 우리 마음에서 빼내기 위해 그리 해보자. 사람이 강제로 그의 마음을 이 생각들에서 해방시킬 수 없다면, 그의 입술을 강제로 침묵하게 하는 것, 심지어 그 반대를 말하게 하는 것은 유익하지 않기 때문이다.

그 조건이 그렇게 잔인한가? 혹은 복음은 좋은 소식이 아닌가? 정말 그것이 영원한 진리라면(그것이 그렇다는 것이 복음이 말한 것 속에 함의되어 있다. 복음이 그것을 말하지 않았더라도 정직한 사람은 인정할 것이다), 누구도 두 주인을 섬길 수 없다는 것이 진리라면 복음은 어떻게 다른 무엇을 말할 수 있는가? 복음, 진리는 그에 대하여 어떻게 침묵할 수 있는가? 당신에게 진리를 말하는 것이 어떻게 잔인한가?

다음을 조심스럽게 숙고해 보라. 당신에게 진리에 대하여 침묵하는 것이 잔인한 것이 아닌가? 게다가 당신은 복음이 어떻게 인간답게 되는 것인지를 알고 있다고 믿지 않는가? 복음은 우리의 허약함을 알고 오직 한 주인만을 섬기는 것으로부터 얼마나 무한히 떨어져 있는지 알고 있다고 믿지 않는가?

복음은 말한다. 바로 정확히 이것이 속죄를 선포한 이유이다. 이것은 좋은 소식이 아닌가! 복음은 계속 말한다. "한 사람이 두 주인을 섬길 수 없다"는 이 첫 번째 선언이 진실하지 않다면, 영원히 확고하게 고정되지 않는다면, 더 깊은 의미에서 속죄는 필요 없을 것이다. 그리고 이 좋은 소식은 결코 전해지지 않을 것이다. 그러면 결국 "한 사람이 두 주인을 섬길 수 없다"는 말씀은 좋은 소식이 아니다.

복음이 그것을 말할 때 "한 사람이 두 주인을 섬길 수 없다"고 말함으로써 모든 사람을 맹렬히 고발한 것이고, 무조건적으로 모든 사람을 비난한 것이다. 게다가 숨도 안 쉬고 모든 사람을 불러, 무조건적으로 모든 사람을 불러 하나님께서 모든 사람을 구원하기 원하신다고 선포한 것이다.(딤전 2:4)

이것은 복음인가? 누구도 구원받을 필요가 없다면 어떻게 모든 사람이 구원받는 것이 가능할 수 있겠는가? 누구도 그것을 충족시킬 수 없는 그런 조건이 아니라면 어떻게 모든 사람이 구원받는 것이 필요하겠는가?

"한 사람이 두 주인을 섬길 수 없다." 이것은 복음이다. 이 말씀을 갖고 이 말씀을 따라 분투하고 있다고 말할 수 있는 사람들을 지켜보라. 인간적으로, 그들을 우리 나머지들과 비교한다면, 그들은 너무 진보해서 완전히 우리를 무시하는 유혹에 쉽게 빠질 수도 있고 스스로 완전성을 달성하기에 결코 멀지 않은 사람이라 고려하는 유혹에 쉽게 빠질 수 있는 사람들이다.

그들의 삶을 지켜보라. 그러면 당신에게 영적 시험이 들 때, 그들의 입은 침묵으로 억제될 수 있어도, 그들의 삶은 다음을 표현할 것이다.

"그러나 이 조건은 인간에게 너무 높아. 사람들이 방탕자spendthrift에게 돈의 총량은 그에게 충분하지 않고 그에게 돈을 주는 것은 바닥이 없는 구멍에 돈을 던지는 것과 같다고 말하듯이, 어떤 분투의 총량도 심지어 최소의 방법으로라도 그 조건을 소모시키지 못해. 심지어 하나님 앞에 가장 가까이 간 순간에도 분투하지 않았던 자보다, 그의 모든 힘을 다해 정반대로 분투했던 자보다 단 1인치도, 1인치의 백만 분의 일도 하나님께 결코 가까워지지 않았어. 무한한 것, 무조건적인 것과 관련되어야 하는 것은 얼마나 지치며, 얼마나 쇠약해지는가. 자연의 힘이 인간의 일을 조롱하고 그것들을 유치한 장난으로 만들어 버리듯이, 무조건적인 것도 무조건적으로 인간의 노력을 조롱하는 건 마찬가지야. 무조건적인 것은 정말 인간을 위한 것이 아니야. 그것은 인간에게 너무 높아."

겸손하게 하려고 의도된 것, 그것을 너무 높다고 할 수 있을까? 혹은 누군가 그것이 너무 높다고 느낀다면, 그는 요구조건과 잘못된 관계에 놓였기 때문이고, 자신을 잘못된 위치에 놓음으로써, 잘못된 위치에서 압력pressure을 받았기 때문이 아닌가? 요구조건이 그를 습격하여 억압했기 때문이 아닌가? 오히려 요구조건은 사람이 겸손하도록 압력을 행사해야만 한다. 그 결과 그는 높임을 받고 '은혜'를 통해 담대한 확신을 얻고 은혜 안에서 기뻐하게 된다.(롬5:20)

아, 이런 식으로 시험 당하는 당신, 나는 당신이 말해야 하는 것을 들을 필요가 있다. 그리고 당신은 내가 말해야 하는 것을 들을 필요는 없다. 그것은 그렇다 치고 내가 말할 수 있도록 하라.

나는 말할 것이다. 높임lifting up이란 무엇을 의미하는가? 모든 높임lifting은 굴욕의 압력과 관계가 있지 않은가? 굴욕에 너무 많은 압력이 있을 수 있는가? 그 경우에 불평한다면, 그것은 이 높임이 너무 높다고 해석될 수 있다.

물리적인 세계에서 들어 올리는 것은 무게에 의해서 수행될 수 있다. 그래서 누군가 실수로 무게에 의해 들어 올림을 당하는 대신에 무게를 들어 올려야 한다고 생각한다면, 그때 그는 눌린다.

그러나 그것은 무게 때문이 아니라 자신 때문이다. 그것은 무조건적인 요구조건에서도 마찬가지이다. 내가 그 조건을 들어 올리려 한다면, 나는 눌린다. 이것은 복음의 의도가 아니다. 복음의 의도는 요구조건과 나의 굴욕humiliation 으로 내가 믿고 예배하며 들어 올림을 당하게 하는 것이다. 그때 나는 새처럼 가볍다.

무엇이 가장 많이 높이는가? 나 자신의 선한 행위에 대한 생각인

가, 혹은 하나님의 은혜에 대한 생각인가? 그것이 가장 많이 높이 올
릴 때, 축복을 받아 가장 현기증을 느낄 때, 나의 최선의 행위가 하나
님 앞에서 비천한 무엇인가로 바뀌고 은혜가 더 커졌을 때가 아닌지
나는 궁금하다.

탁월한 사람이 탁월하게 말한 적이 있다. 위대한 은혜는 오직 위대
한 비난으로만 보상을 받을 수 있다. 훌륭하다! 위대한 은혜가 감사로
보상을 받는다면, 많은 감사는 말할 것도 없고, 아마 은혜만큼이나 큰
감사로 보상을 받는다면, 그때 은혜는 감소된다.

그러나 보답으로서 위대한 비난은 은혜를 영구불변으로 위대하게
한다. 그러므로 내가 겸손하고 부끄러워하며 마치 비천한 것처럼 나
의 최선의 행위로부터 돌아서서 은혜 안에서 안식을 얻을 때, 나처럼
그렇게 높임을 받는 것은 하늘에서도, 땅에서도, 어떤 인간관계에서
도, 어디에서도 발견될 수 없다. 교만한 이방인이 하늘에 폭풍을 불도
록 해보자. 적어도 그렇게 노력하게 해보자. 축복을 받으며 하늘에 도
달할 수 있는 높임은 이런 굴욕으로부터 온다.[38]

당신은 선한 행위로 하나님을 예배할 수 없다. 악행으로는 더욱 예
배할 수 없다. 그리고 무기력하게 완전히 탈진 상태에 빠짐으로써, 아
무것도 하지 못함으로써 거의 예배할 수 없을 것이다. 맞다. 올바로

---

38   Horace, Odes, I, 1, 55-56; Q. Horatii Flacci opera(Leipzig: 1828; ASKB 1248), p. 5; *Horace The Odes and Epodes*, tr. C. E. Bennett(Loeb, Cambridge: Harvard University Press, 1978), p. 5. "그러나 당신이 나를 서정 시인 중의 하나로 평가한다면, 나의 높아진(exalted) 머리로 별을 건드려야 한다."

하나님을 예배하기 위해서, 예배함으로 올바른 기쁨을 누리기 위해, 사람은 이런 식으로 행동해야만 한다. 그는 자신의 모든 힘을 다해 분투해야만 한다. 밤낮으로 몸을 사리지 말아야 한다. 인간적으로 말해서, 그는 신실한 사람들이 선한 행위라고 부르는 것을 축적해야 한다. 더 많으면 많을수록 좋다. 그때 그가 그것들을 갖고 하나님 앞에서 깊이 겸손한 자가 되어, 그것들이 비천하고 보잘것없는 것으로 바뀌는 것을 볼 때, 이것은 하나님을 예배하는 것이다. 그리고 이것이 높임lifting up이다.

"한 사람이 두 주인을 섬길 수 없다."

이것은 복음의 말씀이다. 이 말씀은 영원히 불변하면서 반복된다. 한 사람이 두 주인을 섬길 수 없다. 그러나 어떤 사람도 이것을 할 수 없기 때문에 요구조건은 바뀌어야 하고 부드러워져야 한다는 것이 궁극적으로 인류의 합리적인 요청이 아닌가?

덜 계몽된 시대가 이런 상황을 참았기 때문에, 그들이 인지하지 못하는 비합리성을 참았기 때문에, 그리고 인류가 율법 아래에서 겁먹은 흔적이 배어 있을 때 겁먹은 인간이 감히 입 한 번 뻥끗하지도 못하기 때문에 계몽되었고, 자유롭고, 교양이 있는 시대에 혹은 어떤 경우에라도 확실히 그들은 여전히 계몽되지도 않았고, 겁이 많았던 사람들의 부류에 속하므로 계몽되었고, 자유롭고, 가장 존경받는 교양이 있는 대중들이 동일한 것을 참아야 하는가?

인간에게 무조건적인 것을 요구하는 것은 근본적으로 광기요 우스 꽝스러운 과장이다. 마치 모든 극단들extremes처럼, 분별 있는 자들은 쉽게 볼 수 있듯이, 그것은 그것이 의도했던 것과는 정반대의 결과를 낳음으로써 복수한다.

인간의 지혜는 이 영광스러운 황금율에 있다. 즉, 어느 정도to a certain degree, 거기에는 어떤 한계가 있다. 혹은 이 "둘 다both-and," "또한also" 속에 있다. 무조건적인 것은 광기이다. 성숙한 진지함의 흔적은 명확히 이것이다. 그것은 요구조건이란 사람이 꾸준한 노력을 통해 그 조건들을 만족하고 즐겁게 충분히 채울 수 있는 그런 성실의 것이어야 한다고 주장한다. 분명히, 우리 중에 어떤 사람도 하지 못했던 것은, 물론 우리 중에 어떤 사람도 할 수 없다. 더 이상 요구될 수도 없다.

그러므로 우리는 우리의 남은 삶과 조화를 이룰 수 있는 기독교를 주장한다. 점차 증가하는 계몽과 문화와 모든 무가치한 압력으로부터 자유를 통해 인류에게 일어났던 변화에 부합하는 기독교를 원한다. 적어도 인류의 주류에 해당되는, 즉 교양 있는 대중들에게 부합하는 기독교를 주장한다.

이 목소리, 이것이 세계에 들리지 않더라도(그것은 확실히 있고 충분히 소리가 크다) 이 목소리는 많은 사람들의 마음속에 메아리친다. 그때 단순히 그것이 들려지도록 하라. 누가 이 세상이 변했다는 것을 부정하겠는가? 더 좋게 변했는가? 자, 그것은 의문으로 남는다. 세상이 기본 상식common sense을 갖고 있다는 것을 누가 부정하겠는가? 이것은 이익인가? 자, 그것 또한 의문으로 남는다.

그러나 무조건적인 것 만큼이나 상식을 잃게 하는 것은 없다는 사실은 영원히 확실하다. 이 같은 맥락에서, 이에 대한 즉각적이고 분명한 특징은, 상식은 무조건적으로 어떤 요구조건도 인정하지 않는 것이 아니라 지속적으로 자신이 어떤 종류의 요구조건을 만들어야 하는지 선포하는 자가 되어야 한다고 주장하는 것이다.

그러므로 기독교가 폐지되어야 한다고 주장하거나 기독교를 포기하는 것은 이 상식과 전폭적으로 같은 의견이다. 그러나 기독교가 변화되어야 한다고 주장하는 것은 오해인가? 기독교는 변화될 수 없다. 명확히 이것은 다시 한 번 더 "상식"의 정반대라는 것을 보여준다. 상식의 비밀은 시계가 종을 칠 때마다 만방으로 변화될 수 있는 능력이다. 심지어 시대가, 대중이, 이익이 갈망하는 것과 관련된 모든 것에서, 혹은 바람과 나뭇잎들[39]과 신문이 회전할 때도 만방으로 바뀔 수 있는 능력이 있다.

기독교는 변화될 수 없다. 이것을 주장하는 것은 기독교를 바꾸기 위한 시도이다. 그것은 절대로 효과가 없을 것이다. 진실로, 산은 거기에 다가오는 어린아이가 "비키시오"라고 말하는 것을 보고 있듯이, 기독교는 자신에게 영원히 불가능한 것을 요구하고 있는 이 이야기를

39　Blad의 희곡에서 "신문"을 의미함(문자적으로 "나뭇잎," "낱장").

들고 있어야 한다. 즉, 기독교는 변화되어야 한다는 이야기 말이다.

기독교는 변화될 수 없다. 기독교는 모든 것이 변화되는 것처럼 변화될 수도 없을 뿐더러, 인간적 영역에서는 모든 것이 변화되기 때문에 궁지에 빠지듯이 그렇게 궁지에 빠질 수도 없다.

그러나 기독교는 어떤 사람도 변화되기를 억지로 강요하지 않고 강요한 적도 없었다. 그와는 반대로, 기독교는 처음부터 모든 무조건성unconditionality에서 불변한 채 제시되기를 원했고 제시되기 원할 것이다. 그래서 모든 사람, 그리고 각 사람이 기독교와 관련되기를 원하는지를 개인적으로 생각할 수 있게 한다. 단 한 명의 사람도 기독교를 받아들이지 않더라도 기독교는 불편한 채 남는다.

기독교는 일점일획도 굴복하지 않는다. 모든 사람이 기독교를 받아들였더라도 일점일획도 변화되지 않는다. 모든 개인에게, 가장 가난한 자들에게, 가장 불쌍한 자들에게, 가장 버림받은 자들에게 기독교가 선포한 것은 인류를 위한 하나님의 사랑이다. 그 한 사람을 위해 사랑 안에 계신 하나님은, 말하자면 하늘과 땅에 시동을 거신다.

그러나 여태껏 살았던 모든 인간 혹은 살고 있는 모든 인간이 단지 변화의 일점일획을 요구하기 위해 연합한다면 안 된다, 절대로 안 된다. 기독교에 의하면, 모든 개인들, 가장 가난한 자, 가장 불쌍한 자, 가장 버림받은 자는 그가 하나님이 원하신 만큼 자신의 최고의 선을 위해 원한다면 하나님께 무한히 소중하다. 이 이해불가능한 사랑이여! 반면에 그분이 원하는 만큼 그들이 원하지 않는다면, 하나님 앞에서 인류에게 셀 수 없는 수백만 명은 단지 깔따구에 불과하던가 그만큼도 아니다.

그때 상식과 기독교는 어떻게 서로 이해에 도달할 수 있겠는가? 그들은 두 개의 반대 극처럼 서로에게 역겹다. 이 상식 있는 시대에 기독교와 사람들 사이를 방해하고 있는 것은 인간들이 요구조건을 충족시키지 못했다는 것이 아니다.

기독교는 그것을 다룰 수 있다. 기독교는 사람이 요구조건에 대해 무한한 개념을 가졌고, 자신의 불완전성을 고백하기 원했던 시대가 있었던 경우처럼 다룰 수 있다. 결함 fault 은 거기에 있고 요구조건의 무조건성에 있지 않았다. 맞다. 이 상식 있는 시대에 기독교와 사람들 사이를 방해하고 있는 것은 그들이 무조건적인 요구조건에 대한 개념을 상실했다는 데에 있다.

또한 그들이 요구조건이 왜 무조건적인 것인지 잘 이해할 수 없다는 데에 있다(결국 누구도 그것을 충족시킬 수 없으므로 그것이 무슨 소용이 있는지). 또한 무조건적인 것이 그들에게 실천 불가능한 것, 어리석은 것, 우스꽝스러운 것이 되었다는 데 있다. 그래서 그들은 반항하거나 우쭐대며 그 관계를 역으로 뒤집고 요구조건에서 결함을 찾는다. 그리고 자신들은 요구조건이 변화되어야 한다고 따지는 청구인들이 된다. 그들은 말한다.

"불가능한 것을 원하는 것은 광기야. 합리적으로 원한다는 것은 자기들이 할 수 있는 것을 원해야 하는 거지. 그러나 무조건적인 것을 요구하는 것은 자기가 불가능한 것을 원해야 한다고 주장하는 거야. 그것은 어떤 전진도 없이 자신의 정력, 자신의 시간, 자신의 삶을 낭비하는 거야. 이것은 광기이고 터무니 없는 과장이야.”

상식commom sense은 무조건적인 것에 대한 폭동이며 반역이다. 상식이 첫번째 단계에서는 목소리가 큰 반역이 아니더라도 말이다. 실로, 상식은 그것을 경솔한 것으로 간주할 것이고, 어떤 이유로든 더 복잡한 상식은 그것에 집중되는 관심을 결코 원하지 않는다. 상식은 우리가 폭동을 일으켰다는 것이 우리들 사이에 비밀로 남기를 바란다.

그러므로 그 모습은 결코 아무것도 일어나지 않은 것처럼 유지된다. 슬그머니 앞으로 기어가면서, 이 상식은 무조건적인 것을 갉아 먹는다. 그 속에 있는 믿음을 약화시키면서 믿음을 존중한다. 그때 결과적으로 성급한 상식은 무심결에 자신의 지혜를 말하고 공격적으로 그 지혜를 선포한다. 무조건적인 것은 광기라는 것이다.

점점 더 증가하는 상식과 더불어 인간 본성에 대한 어떤 지식의 증가가 있다. 바로 지금 혹은 이때 인간들의 상태에 대한 정보와 인간의 도덕적 상태를 기류, 바람, 강우, 조류 등과 같은 상황을 자연의 산물natural product처럼 간주하여 설명하는 자연과학적, 통계학적 지식이 있다.

인간 본성에 대한 이런 종류의 지식은 인간이 대대로 퇴보되어 왔던 것인지에 대한 질문에는 아무런 관심도 없다. 그것은 단지 우리가 어떤 상태에 있는지, 증권거래소의 시세, 시장 가격이 어떤지 정확하게 말할 뿐이다. 그것은 이 정보와 현명하게 익숙하게 됨으로써, 사람들을 이용할 뿐만 아니라 사람들에게서 자신을 보호하기 위함이고, 성공을 거두거나, 이 세상에서 유리한 고지를 차지하거나, 자신의 비열함과 평범함을 잘 방어하고 해명하기 위함이다. 혹은 보기 드물게 더 우월한 무엇인가 나타난다면, 일종의 과학적이고 좋은 양심으로 의심할 수 있도록 허락을 구하기 위함이다.

그러나 상식이 증가함에 따라 인간이 마땅히 해야만 하는 것 ought to 에 대해, 하나님의 요구조건에 대해, 이상에 대해, 점점 더 적게 들린다. 결국 보기 드물게 그것이 들린다면, 인간이 마땅히 해야 하는 것에 대한 이런 이야기는 "저 시골로부터 온 하나님의 말씀처럼[40]" 상당히 맛이 없고 김이 빠졌다는 것을 깨닫게 된다.

"정말이지 어떤 분별 있는 자도 그런 공상을 듣고 싶어 하지 않을 거야. 그는 자신의 시간과 인생을 낭비하지 않도록 듣지 말아야 해. 그것이 그런 것들에 대해 말하는 목사에게 일어나지 말아야 한다면 그것을 참을 수 있지. 점잖게 예의decorum를 관찰만 하고 있는 자, 교회에서 조용한 시간에 이것에 대하여 열변을 토하고 있는 데에만 자신에게 한계를 두고 있는 자가 목사라면 그때는 조심해. 하지만 그는 건방지게 그런 것들과 동일시하지도 못해. 그것이 사실일 때, 그래도 견딜 수 있어. 그래, 결국 그것은 목사의 생계야. 그리고 상식은 항상 너

---

40 August Friedrich Ernest Langbein, *Gedichte*(Leipzig:1788), "Der Landprediger"에서 설교자의 직함.

무 합리적이어서 그것이 그를 방해하지 못할 거야. 상식은 시와 예술하고는 상당히 다르다는 면에서 명확해도, 일반적으로 설교자는 시나 예술은 아니어도, 그가 무용지물superfluity이라는 점에서 상식은 방해를 받지 않지."

세상을 야단치기 위해 지금껏 기독교를 악용해 왔다는 것이 사실이라면, 그 상황은 이제 완전히 뒤바뀐다. 세상과 세상의 상식은 기독교를 야단치고 싶어 한다. 목사들을 야단치고 싶어 한다. 그래서 목사들이 견딜 수 있도록, 배우와 웅변가로 변신할 수 있도록. 그 이상 그 이하도 아니다. 슬프다. 그들 중에 많은 목사들이 변신하도록 야단맞을 필요가 없다. 왜냐하면 그들은 이미 너무 쉽게 유혹을 받기 때문이다.

다만 이 진리(진실)가 말하고 들려지게 하자. "상식"은 사람에 맞춰 요구조건이 개조되어야 한다. 기독교의 입장은 사람이 요구조건에 맞춰 개조되어야 한다. 혹은 어떤 경우에라도 무조건적인 요구조건은 무조건적으로 확고해야 된다. 상식과 기독교, 이 둘은 서로의 이해에 도달할 수 없다. 나에 대해 말하자면, 상식이 무조건적인 것은 터무니없는 것이라고 무심결에 말할 만큼 충분히 정직하다면, 나는 항상 상식에 감사할 것이고 그것을 존중할 것이다.

맞다. 기독교는 무조건적인 요구조건에 대하여 진지하다. 그 문제에 대해서, 단 한 명도 요구조건을 충족시킬 수 없어도, 그것을 충족시켰고, 무조건적으로 그것을 충족시켰던 한 사람이 있다. 그는 "한 사람이 두 주인을 섬길 수 없다"는 말씀을 했던 그 사람이고, 어느 상황에서도 한결같이, 지금까지 그는 진리를 말했을 뿐만 아니라 진리였다. 그는 또한 그가 말했던 것이 곧 그 자신이었던 방식으로 말씀이었다. 자, 이제 우리가 그에 관하여, 이 모범에 관하여 말해야 한다. 그는 말했다.

"한 사람이 두 주인을 섬길 수 없다."

그의 삶은 그가 오직 한 주인만을 섬겼다는 것을 표현했다. 그의 삶을 봄으로써, 우리는 무조건적인 요구조건을 보아야 하며 그것이 충족되었던 것을 보아야 한다. 그렇지만 우리는 모범이 우리를 불안하게 하여 절망에 빠지지 않도록, 지속적으로 예수 그리스도는 모범일뿐만 아니라 구속자Redeemer라는 것을 상기한다. 자, 우리는 방금 전에 읽었던 복음의 자극을 받아, 모범이신 예수 그리스도에 대하여 말할 때, 구속자를 상기하라.

아무도 두 주인을 섬길 수 없다

우리는 그가 오직 한 주인만을 섬긴 것을 표현해야 한다면, 처음부터 그의 삶이 어떻게 계획되었고 어떻게 끝나는지를 볼 것이다. 게다가 우리는 사건이 어떻게 돌아갔고, 그와 함께 사건이 어떻게 돌아가야만 했는지 그 추이를 지켜보게 될 것이다. (특별히 그는 고독하게 은둔 생활을 하려 했던 것이 아니고 모범으로서 오직 한 주인만을 섬기는 것이 무엇을 의미하는지를 인지하게 되기를 원했으므로) 인간 모두는 대략 두 주인을 섬기는 바, 인간들 사이에서 그와의 사건이 어떻게 돌아갔는지 보게 될 것이다. 두 주인을 섬기는 일들이 너무나 많아 특별히 누군가 세상에서 잊혀지려는 것이 아니라, 모든 사람의 관심을 자신에게 집중시켜 그가 진리라는 주장을 하게 된다면, 우리는 우리 중에 오직 한 주인만을 섬기기 원하는 그를 조용하게 견딜 수 없을 것이다.

그는 자신을 가난과 비천 가운데 태어나도록 했다. 그뿐만 아니다. 그는 불명예 가운데 태어나도록 했다. 말하자면, 약혼한 처녀, 그녀가 약혼한 의로운 남자는 그녀와 조용히 끊고자 하는 친절함을 보여 주었다. (먼저 그가 그것을 고려했었고 인간적으로 말해서 그것은 자비의 행위였을 것이다.) 이것이 그가 세상에 들어온 방식이었다. 그는 마치 세상 밖에 있는 것처럼, 그가 세상에 도착함과 동시에 즉각적으로 배척당한 것처럼, "아버지도 없이, 어머니도 없이, 족보도 없이(히 7:3)," 탄생에서 다른 어떤 인간이 끼어들지 않은 채 세상에 왔다.

그러나 이런 식으로 그의 삶이 오직 한 주인만을 섬긴 것을 표현하도록 계획되었다는 것을 알게 된 것은 정말로 때가 차서 이루어진 일이었다. 경주에 출전하는 자가 이를 위해 옷을 차려 입는 것처럼, 싸움에 나가는 자가 이를 위해 무장하는 것처럼, 마찬가지로 그의 삶은 처음부터 오직 한 주인을 섬기는 것이 가능하기 위해 계획되었다. 그의 탄생 자체, 그것은 오래되고 고상한 혈통으로 태어날 필요도 없었고, 왕위를 물려받을 상속자로 태어날 필요도 없었다. 탄생에 의하여 아기가 가족에 속하게 될 때, 탄생은 즉각적으로 이 인간을 다른 인간들과의 더 친밀한 연합alliance으로 묶는 속박tie이다.

탄생은 세상과의 연합, 그리고 세상에 속한 것과의 연합, 그러므로 다른 인간들과의 연합이다. 연합은 오직 한 주인을 섬기기 어렵게 한다. 만약 연합이 깨지지 않는다면, 사랑은 남더라도 그것은 불가능하게 된다. 어떤 가족에게도 인정받지 못한 채, 어떤 가족의 관심도 받지 못한 채 한밤중에 덤불 사이에서 비밀리에 사회 밖에서 태어난 외계인, 사생아, 이 세상에 그를 위한 방이 없었기 때문에 그가 십자가에 못 박힌 것처럼, 이것이 그가 방 없이 태어나도록 했던 방식이다! 마구간에서 (멸시받은 처녀가 아기용품을 준비한 어떤 가족과의 연합도 없었기에) 그가 구유에 누인 채 있을 때, 만약 여기에 어떤 연합이 있었다면 그것은 말과의 연합이었을 텐데.

확실히 이 탄생은 다른 측면에서, 하나님의 측면에서 볼 수 있다. 하늘의 광채가 이 탄생을 비춘다. 밤의 별들은 일반적으로 비추듯이 그렇게 이 땅에 불변하며 비추지 않는다. 맞다. 그의 탄생은 확실히 여기 이 땅의 행사처럼 보이지 않는다. 그의 탄생은 하늘의 행사요, 가장 중요한 행사이다. 그리고 별이 특별한 방법으로 그의 장소를 비춘다. 이 하늘의 광채가 마구간과 멸시받은 처녀와 망신당한 남편과 말구유의

아기에게 퍼질 때, 이 별을 볼 수 있는 눈은 복이 있을지라!(눅 10:23)

이것은 초인간적인 영광이다. 진정한 그리스도인은 항상 정반대에 놓여 있듯이, 영광도 직접적으로 영광으로 알려지는 것이 아니라 다만 역으로, 열등함, 하락debasement으로만 알려진다. 즉, 본질적으로 기독교적인 모든 것과 운명을 같이 하고 있는 십자가가 여기에 있다. 기독교의 십자가는 피상적인superficiality, 형식적인externality, 둘 다인both-and, 깊이 없는 장식이거나 메달에 붙어있는 것이 아니다.

한 측면에서 보면 그것은 상당히 문자 그대로, 두렵게 문자 그대로 십자가이다. 그리고 어떤 눈도 더 고차원적인 통일로 연합된 십자가와 별을 보지 못한다. 그래서 별의 광채는 줄어들었고, 십자가의 고통은 다소 덜 괴롭히는 것이 되었다. 역으로 다른 측면에서 보면 그 별은 보인다. 그리고 그 별은 약해지지 않는다. 오, 이 늦은 발견이여! 슬프다, 우리가 지고 가야 하는 것이 이 십자가이다. 복음서를 보라!(눅 14:27) 십자가는 명령의 배지badge이며 독특한 자국이다.

이것은 이해에게는 실족이고, 항상 실족이었으며, 항상 실족이 될 것이다. 이해는 말한다. 너무 적고 너무 많은 것은 모든 것을 망친다. 적당함 moderation, 중도 middle way, 중간 크기, 이것이 진리이다. 그러므로 이해는 확실히 탄생에서 별을 생략하도록 추천한다. 그것은 너무 많다. 너무 많아서 요구될 수 없다. 그때 이해는 또한 합법적 혼인 관계에서 태어나기를 추천할 것이며, 적어도 제대로 되고 좋은 부유한 중간 계급의 가족에서 태어나기를 추천할 것이다. 그러나 이것은 본질적으로 기독교적이지 않다.

본질적으로 기독교적인 것은 항상 자신의 마음대로 이용 가능한 하늘의 것을 갖고 있으나 이 지상의 것은 단 한 조각도 갖고 있지 않다. 예를 들어, 그리스도가 제자들을 파송해서 보낼 때, 그는 확실히 생필품을 그들에게 공급할 수도 있었을 것이다. 그러나 아니다. 그들은 아무것도 소유하지 말아야 한다.(마 10:8-10, 막 6:7-9, 눅 9:1-3) 반대로, "누구든지 그가 제자이기 때문에 이 소자 중 하나에게 냉수 한 그릇이라도 주는 자는, 내가 진실로 너희에게 이르노니, 그 사람이 결단코 상을 잃지 않는다."(마 10:42)

이것은 독특하다. 이 땅에서 모든 강력한 왕들 중에서 가장 강력한 왕도 이런 식으로 물 한 모금 값도 지불할 수 없다. 그러나 그는 물론 자신의 특사나 장관들이 물 한 잔에 쩔쩔 매지 않는지 특별히 살펴야 한다. 하지만 제자는 무조건적으로 가난 중에 있었다. 삶의 기초 생필품인 물 한 잔에 관한한 그는 문자 그대로 분개한다. 왜냐하면 그는 돈이 없다. 그는 아무것도, 정말이지 물 한 잔을 위해 줄 수 있는 아무것도 없다. (그렇게 인색하셨던 하나님께서 그 다음 순간에 같은 사람에게 기적으로 참여하신다.) 자, 그는 하늘이 공급한 수표check를 갖고 있는 것이 맞다. 제대로 볼 수 있다면(그러므로 불행하게도 세상에서는 안 보인다), 이 수표는 이 세상의 모든 영광보다 가치 있다. 그러나 그는 돈이 없고 이 땅의 어떤 것도 갖고 있지 않다. (불행하게도 그것은 이 세상 속에 있다.) 이 세상에서 돈은 확실히 하늘의 모든 영광보다도 더 가치가 있다. 제대로 볼 수만 있다면.

정말 큰 금액의 지폐를 갖고 있어도 나라 밖에서는 돈이 없는 나그네에 대한 이야기가 있다. 그 지폐를 바꿀 수 있는 한 사람도 없었다. 기독교와 제자도 이와 마찬가지이다. 본질적으로 기독교적인 모든 것 같이 이것은 이해에게는 실족이다. 이해는 말한다.

"너무 적은 것과 너무 많은 것은 모든 것을 망친다구. 이 하늘의 수표들 없이 지내보자. 우리가 그 많은 것을 요구하지 않는다. 기독교를 선포하는 이 문제가 고정된 1년의 연봉을 공급할 수 있는 고정적이고 유익한 생계와 공동체의 어떤 지위status가 되게 하자. 그 이상 당신이 볼 수 있어도 과장exaggeration이야. 왜 상대편이 그런 두려운 긴장으로 정반대가 되어야 하는가? 이 세상에서 약간의 좋은 삶을 누리기 위해 기적적인 것을 약간 줄이고, 조금 덜 신성한 것, 조금 더 직접적으로 인간적인 것을 약간 늘리는 것이 왜 있을 수 없는가? 게다가 겨우 1실링을 소유하는 것은 경멸하면서 기적적인 대안들을 찾느라고 야단법석, 그런 특이한 야단법석을 피우는 이 독특성은 다 뭔가? 그것은 진실한 구별이 아니야. 그것은 인위적이고 변장한 과장이라고. 제자들의 주머니에 몇 푼이라도 돈을 넣어 주는 것이 소박하고 자연스러운 거지. 기적이 있어야만 한다면, 이것처럼 무엇인가 일어나게 해보자. 그래, 단 한 번의 기적으로, 단 한 번의 기적으로 자금을 모아보자. 그것이 제자들에게 공급될 수 있도록 하자. 더 이상의 기적은 필요 없도록 해보자. 그 이상은 이중의 과장이다. 즉, 너무 적고 너무 많다."

이해가 아주 많이 두려워하는 것, 이해가 죄를 범하는 최종의 것, 이해가 이것을 힐끗 볼 때 광기라고 정죄하는 것, 그것은 과장이다. 그러나 오직 한 주인만을 섬긴다는 것은 과장 없이 불가능하다. 좋은 의미에서 한 사람이 다른 사람과 연합하는 것, 온 세상과 그 세상에 속한 모든 것과 연합하는 것을 통해 두 주인과 그 이상의 주인을 섬기는 것은 쉽다.

그의 탄생은 오직 한 주인만을 섬기는 것이 가능하도록 의도된 것처럼 보인다. 그는 가족 없이, 그리고 가족과의 연합 없이 존재한다. 그러나 하늘의 별은 무엇인가를 드러냈다. 이해에게 물어보라. 그러면 당신은 찾을 수 있을 것이다. 이해는 하늘의 영광이 이 세상에서 사람들이 바라는 재물들 중에는 없다는 것을 잘 알고 있다. 하늘의 영광은 종종 극도로 위험하다. 이미 언급된 대로 그 별은 무엇인가를 드러냈다. 국가의 왕은 경계했고, 멸시받은 가족은 아이와 함께 이 나라에서 도망쳐야 했다. 이 멸시받은 가족, 확실히 한 세대 후에, 사람들은 이 가족을 거룩한 가족이라고 일컬었다. 그러나 당신은 이해에게 물어보라 그러면 그가 다음과 같이 말하는 소리를 듣게 될 것이다.

"부유한 명문 가문에 속해 있다는 것은 매우 좋은 일일 수 있지. 하지만 나는 그렇게 많은 것을 탐내지 않아. 나는 중산층에 속하는 가족에 만족해. 그러나 이 세상에서 거룩한 가족에 속해야만 하는 것, 아니야, 괜찮아. 그 끝은 어떤 고통과 비참함뿐이라고. 잘못된 경건은 오랫동안 그 가족이 이 땅에 사는 동안 멸시받았다는 것을 망각하도록 했지. 잘못된 경건은 '거룩한 가족'을 자랑하고 자신과 다른 사람들을 속여 이 굴욕의 상태를 영광으로 생각하도록 즐기지. 또한 하늘의 영광과 세상의 영광이 결국 같은 곳에 도달한다고 속이지. 잘못된 경건은 굴욕이 표현되면 실족하게 되어 있어. 잘못된 경건은 당황하게 되고, 자신을 보호하기 위해 자유 사상가들을 신성모독이라고 부르지."

그 가족이 그렇게 일컬어진다면 어떤 가족도 아니기 때문에 아이와 함께 도망친다. 이제 이 아이는 아버지의 나라fatherland, 조국도 없다. 이것은 상당히 맞다. 그래서 그가 오직 한 주인을 섬기는 것이 무엇을 의미하는지 표현하는 것이 가능할 수 있다. 경주에 참가해야 하는 자가 그렇게 옷을 입는 것처럼, 싸움에 나가는 자가 그렇게 무장하는 것처럼, 처음부터 그의 삶도 오직 한 주인을 섬기는 것이 가능하도록 계획되었다. 사람들을 함께 묶는 연합은 가족들을 함께 묶는 연합 다음에 있기 때문이다.

확실히 어떤 의미에서 영광은 여기에도 비친다. 마구간에서 태어난 하찮은 아이가 갑자기 너무 중요해져서 그를 죽일 수 있는 가능성으로 두 살 이하의 모든 아이들을 죽게 했다. 이해는 말한다.

"다시 한 번 더, 너무 적고 너무 많아. 다시 한 번 더 과장이야."

그의 탄생을 행사가 되게 하자. 그리고 자연적 질서에 그의 자리를 만들어 보자. 아주 보잘것없는 사람으로 태어난 것, 갑자기 그 탄생은 그런 놀라운 행사가 된다. 이 아이가 태어난 것이 그렇게 중요해진다면, 그가 마구간에서 태어났고 거기에서 무엇인가 대단한 일이 그에게 일어날 수 있다는 것은 상상할 수 없다. 반면에, 이 아이가 동시대의 모든 유아들과 동일시 되어야 할 만큼 중요해지다니 이 얼마나 무서운 과장인가! 사람들이 말하기를, 세상의 구주가 되어야 할 사람이 바로 이 아이이며, 많은 아이들의 생명을 희생시킴으로써 시작한 사람이 바로 이 아이라는 설명은 말할 것도 없다!

자, 그래서 이 아이는 아버지의 나라 없이 존재한다. 가족은 돌아오지만 숨어서 살아야만 한다. 예루살렘에 축제가 있어 방문하는 동안 이 아이는 사라지고 만다.(눅 2:42-49) 여기에 인생에서 이 아이의 과업이 무엇이고, 또 무엇이 되어야 하는지 상징적으로 서술하고, 완전히 그 과업을 따랐던 상황이 있다. 즉, 그 과업은 오직 한 주인만을 섬기는 것이 무엇을 의미하는지를 표현하는 것이다.

아이는 홀로 서 있다. 그는 부모도 없이, 아버지의 나라도 없이 존재했다. 그러나 이제 그는 또한 함께 살고 있었던 두 분 없이 존재한다. 그분들은 애타게 아이를 찾고 있었고, 충분히 이상하게도 그를 성전에서 찾는다. 이것이 놀랍지 않은가. 아이는 말한다.

"내가 내 아버지의 집에 있어야 할 줄을 알지 못하셨나이까?"

어머니는 이 말을 이해하지 못했다. 그러나 그것은 이상한 것이 아니었다. 그녀는 마음속 깊이 그것을 숨긴다. 그것은 아름다웠다.

이외에 그의 어린 시절과 청년의 때는 아무것도 알려진 바가 없다. 그는 틀림없이 가난한 부모와 놀았을 것이고, 그들에게 순종적이었으며, 기꺼이 그들을 도왔을 것이다. 이것이 오직 한 주인만을 섬기는 것에 대한 장애물이 되지는 않았다.

이와는 반대로, 한 주인이 그로 하여금 순종하기를 원하는 사람들이 있는데, 그는 이들에게 순종함으로써 이 한 주인을 정확히 섬긴다. 그래서 그는 성장하여 어른이 되었다. 그러나 우리가 말한 대로 그는 무nothing였고, 무가 되었다. 그는 아무것도 소유하지 않았고, 소유하기 위해 획득하지 않았다. 경주에 참가하는 자는 이를 위해 옷을 입는 것처럼, 싸움에 나가는 자는 이를 위해 무장하는 것처럼, 그의 삶도 오직 한 주인만을 섬긴다는 것이 무엇을 의미하는지 표현하기 위해 계획되었다.

아, 그러나 세상에서 대단한 인물이 된다는 것, 세상에서 대단한 인물이 되기를 원하는 것은 말할 필요조차 없다. 이 세상에서 뭔가 대단한 것을 소유하는 것, 소유하기 위해 획득하는 것은 말할 필요조차 없다. 그때 다른 사람들과의 연합은 피할 수 없다. 반면에 오직 한 주인만을 섬기는 것을 회피하기에는 너무 쉽다.

나는 확실히 이 세상에서 대단한 인물이 되었던 사람들이 말한 설교를 읽기도 했고 듣기도 했다. 또한 먼저 하나님의 나라를 구하는 것이 무엇인지를 다룬 설교를 읽기도 했고 듣기도 했다.

그러나 이 사람들이 먼저 하나님의 나라를 구하기보다 어떤 다른 방법으로 대단한 인물이 된 것임에 틀림이 없다고 감히 주장하는 바이다. 이 사람들과 또한 모든 정직한 사람이 근본적으로 나와 의견이 같다는 것도 의심하지도 않는다. 누군가 먼저 하나님의 나라를 구하기 위해 자신의 계획을 수행한다면, 그는 세상에서 무nothing가 되는 것보다 더 확실한 것은 아무것도 없다. 게다가 오직 구하는 자만이 찾게 될 것이라고 하늘보다 더 열정적으로 주장하는 것은 아무것도 없다.(마 7:7)

거기에서는 구도자의 인파throng가 너무 많기 때문에 (이것은 하늘과 관련된 경우는 아니다. 하늘 길은 진실로 좁기 때문에, 그러나 인간적인 인파 때문인 것도 아니다) 그 모든 구도자들이 아마 항상 작은 자가 되어도 대단한 인물이 되지 못할 것이다. 또한 사람이 먼저 하나님의 나라를 구하게 되면 틀림없이 이 세상에서 무가 되기 때문이기도 하다. 이것보다 입증하기 쉬운 것은 아무것도 없다. 어떤 사람이 편파적이거나 건방지기 때문에 그가 이것은 입증되어야 한다고 주장하는 일이 없기를!

나는 결코 다른 사람보다 더 나은 척하지 않는다.[41] 어떤 의미에서 나는 대단한 인물이 되지 못했다. 바로 이것이 어떤 사람들에게는 실족이 될 것이다. 그들은 내가 쉽게 대단한 인물이 될 수 있었다고 생각하기 때문이다.

결과적으로 그런 사람들의 의견으로는 나는 아무것도 아니다. 그러나 판단해야만 하는 것은 복음이기에 나는 감히 아무런 고민을 하지 않으려다. 복음이 판단해야만 할 때, 나는 대단한 인물이 되었으나

그것은 거의 없는 것이나 다름이 없다는 것을 부끄럽게 인정한다.

그러나 내가 먼저 하나님의 나라를 구함으로써 대단한 인물이 된 것이 아니었다는 것을 나는 확신해야 한다.[42] 나는 먼저 하나님의 나라를 구함으로써 대단한 인물이 될 수 있다는 것을 입증하기 위한 존경받는 목사들의 시도를 조용하게 기대해 본다. 이 대단한 것, 이것은 먼저 수행되어야 하기 때문에 다른 어떤 구함보다 먼저 나온다.

그것이 하나님의 나라가 되기 때문에 완전히 세상과 어울리지 않는다. 세상에 속한 것들과도 어울리지 않는다. 다른 것들 중에 "이 세상에서 대단한 인물이 되는 것"에 속한 것과도 어울리지 않는다.

그러므로 복음의 요구조건이 변경되어야 한다는 것, 그것은 분별성이 원하듯이 축소되어야 한다는 것, 기독교가 반대한 대로 나는 진심으로 이것을 반대한다. 나는 어떤 사람도 인간들이 심지어 최소한의 방법으로도 요구조건을 충족시킬 수 있는 모습으로 나타나지 않기를 바란다. 이것이 내가 그 요구조건을 보는 방식이다.

내가 하나님과 관련되어야 한다면, 인간에게서, 그가 모든 유럽의 대중, 혹은 여기에서 사람들과의 비교와 같은 것들에 대하여 귀담아 듣지 않도록, 그것은 그의 기쁨과 지복bliss이 되어야 한다.[43] 그가 하나

---

42 *Pap*. X⁶ 29:7. 최종본에서 삭제된 것: 나는 학사 학위가 있다-내가 그것에 대하여 말하는 것은 많이 말한 것도 아니고 그런 이유 때문도 아니다-그러나 내가 석사(M.A.)가 되었다는 것이 먼저 하나님의 나라를 구한 것 때문이 아니라는 것을 언급할 뿐이다.

43 *Pap*. X⁶ B 29:8. 최종본에서 변화된 것: 내가 주의를 기울이도록 나의 기쁨과 지복이다…

님과 관련되는 것이 가능하기만 하다면, 그는 매일 낙제해서 퇴학당하는 것이 맞다.[44] 그러나 여전히 하나님과 관련되는 것, 대단한 것, 물론 그것은 모든 단독자[45]에게 주어진다. 내가 하나님과 관련되어야 한다면, 나 또한 요구조건은 무조건적이라는 것을 동의해야만 한다. 요구조건이 무조건적인 것이 아니라면, 나는 하나님과 관련이 없는 것이 아니라 "다른 사람들," 나 자신, 대중 등과 숨막히는 관련만 있을 뿐이다.

아닙니다, 아닙니다, 오 하늘의 하나님, 무엇보다 무조건적인 요구조건이 폐지되지 않도록 하소서![46] 무조건적인 요구조건을 폐지함으로써, 사람들이 폐지하기 원하는 것은 바로 당신입니다. 이것이 내가 무조건적인 요구조건을 확고히 고수하는 이유이고 상식을 고발하는 이유입니다.

상식은 무조건적인 요구조건을 폐지하기 원하면서 결국 당신을 제거하기 원합니다. 안됩니다. 무조건적인 요구조건만이 남게 하소서.

내가 이런 진정한 상태를 인정하면서도 대단한 인물이 되기를 바랄 수 있다면, 내가 유한한 필요necessities를 위해 세상에서 대단한 인물이 되기 위해 노력할 수밖에 없다면, 결국 그것은 요구조건을 폐지하기 원하는 것

44　*Pap.* X[6] B 29:10. 최종본에서 변화된 것: …그는[변화된 것: 나는]…

45　*Pap.* X[6] B 29:11. 최종본에서 삭제된 것: …로서 나에게…

46　*Pap.* X[6] B 29:12. 최종본에서 삭제된 것: 사실, 그것은 계속적으로 나를 붕괴시키나 나를 거부한다. 이따금 그것은 나를 지치게 하여 절망에 빠지게 한다. 그것은 나를 가장 불쌍한 누더기 옷을 걸친 사람보다 더 작게 만들어 버린다 - 오, 그러나 나는 여전히 당신과 관계하고 있습니다, 오 하나님!

과는 완전히 다릅니다.

내가 그럼에도 당신과 계속 관계하고 있습니다. 나는 당신에게서 발길을 돌리지 않았고 나의 등을 돌리지 않았기 때문입니다.

아닙니다, 나는 내 삶에 대하여 어떤 사람이 되어야 할지 진지해지지 못했습니다. 아닙니다, 나는 무조건적인 요구조건이 끊임없이 걸레가 되도록 바꾸어 놓았습니다. 나 스스로 무조건적인 요구조건을 비참하게 바꾸어 놓았습니다.

오, 하나님, 내가 여전히 당신과 관련되어 있고 당신과 관계하는 조건으로 무조건적인 요구조건을 내가 지금 되어있는 모습으로 바꾸어 놓았습니다. 그렇지 않습니까?[47] 그때 전멸annihilation이, 하나님 앞에서 내적 전멸

---

47 *Pap.* X⁶ B 29:13. 최종본의 여백에서 삭제된 것: 오, 하나님, 내가 당신을 볼 수 있다면, 내가 사람들과 얼굴을 마주보고 이야기 하듯이 당신과 이야기 할 수 있다면, 그때 당신이 나와 이야기 나눌 계획이고 나에게 말한다면: 이제 내가 나의 본성을 따라, 나의 눈을 그대에게 고정시키자 마자, 혹은 어떤 인간의 분투, 심지어 가장 정직한 자에게 고정지키자 마자, 내가 그 순간에 그것은 무(nothing), 불쌍함, 혐오가 되는 그런 사람일 때, 그때 그대는, 기꺼이 나와 관계하기 원하는지를 선택하는 것이 그대에게 남겨진다면, 그때 그대는 나와 관계하는 것을 소원할 수 있는가? 혹은 온 마음을 다하여 나를 사랑하기를 소원할 수 있는가. 오, 하나님, 나에게 말하지 마십시오. 당신의 목소리를 듣는 것은 당신의 눈짓(glance)만큼이나 나를 전멸시킬 것입니다. 당신은 인간이 당신을 사랑하도록 도운 분이라도, 나 또한 사랑할 수 있도록 도움을 받았을 때, 자연적으로 나의 기질이 아니었던 것이 되도록 도움을 받았을 때, 그것이 여태껏 그렇게 많은 나의 바램[삭제된 것: 기질]이었더라면, 그렇지 않았더라면 결코 내가 감히 모험하지 못하는 것이 되도록 도움을 받았을 때, 내가 인간은 당신을 사랑해야 한다는 가르침을 받음으로써 도움을 받았을 때, 그러나 당신이 달랐다면, 무한자(the infinite)가 아니었다면, 인간이 어떻게 온 마음을 다해 당신을 사랑할 수 있겠습니까! 충분히 진실하게도, 이 전멸에 두려운 무엇이 있습니다. 충분히 진실하게도, 당신 없이는 살 수 없다는 것 그리고 같은 순간에 나를 향한 당신의 눈짓을 본다는 것, 그 안에는 고통이 있습니다. 나의 삶의 모든 분투, 내가 살아왔던 가장 정직한 반시간조차, 무, 불쌍함, 혐오입니다. 충분히 진실하게도, 그 안에 고통이 있습니다! 그러나 그럼에도 불구하고 내가 당신 없이는 살 수 없기 때문에, 당신 앞에 존재하는 것 없이는 살 수 없기 때문에, 당신의 은혜와 사랑 없이는 살 수 없기 때문에, 그것은 나의 삶입니다. 그것이 나의 모든 것을 전멸시킨다 해도, 그래서 오직 당신의 것만 남는다 해도, 그것은 나의 삶

이 공포가 되도록, 그것이 고통이 되도록 하소서.

이것을 격려하는 것은 사람에게 더 큰 축복이 되어야만 합니다. 당신을 위해 그의 가장 정직한 분투가 무가 되어야 하기 때문에, 그때 사람이 무기력 inactivity에 빠질 수밖에 없는 기회를 갖게 되었다면, 혹은 그가 이 세상에서 대단한 인물이 되기 위해 진지하게 분투했던 진지한 사람이 되기 위해 당신과 관련되기 원하는 것을 완전히 포기했다면, 이것은 얼마나 끔찍하고, 얼마나 끔찍합니까.

그러므로 모범인 그는, 그의 삶은 처음부터 오직 한 주인을 섬긴다는 것이 무엇을 의미하는지 표현하는 것이 가능하도록 계획되었던 것이다. 그는 어디에도 어떤 사람에게도 속해 있지 않았다. 그는 어떤 것과도 어떤 사람과도 연합하지 않았다. 그는 이 세상에서 외인이었고, 가난하고 비천했으며, 둥지도 없으며, 굴도 없으며, 머리 둘 곳조차 없었다.(눅 9:58) 단 한 점에서 원과 만나는 직선처럼, 그는 오직 한 주인만을 섬기며, 세상 속에 있으면서 여전히 세상 밖에 있었다.

입니다. 그 반대는 나에게 있어 무조건적인 고통 혹은 죽음이 될 것입니다. 그때 선택이 부득이한 것이 아니어도, 나의 선택은 결정되었습니다. 오, 하나님, 나는 고통, 전멸을 선택합니다. 나는 당신 앞에 존재하기를, 무한한 사랑 앞에 존재하기를 선택합니다. 그리고 마침내 나는 배워야 합니다. 혹은 나는 그럼에도 불구하고 내가 유일하게 당신과 관계하고 당신의 사랑과 관계하는 것이 무엇을 의미하는지를 생각할 때, 심지어 이런 전멸을 사랑하는 법을 배워야 합니다. 나는 배워야 합니다. 혹은 나는 그럼에도 불구하고 여전히 무언가를 갖기 위해, 말하자면, 전멸될 수 있는 무언가를 갖기 위해, 당신 앞에 그것은 무, 불쌍함, 혐오라는 것을 내가 알게 되었을 때 전멸의 축복이 훨씬 더욱 커지기 위해, 나는 더욱 열정적으로 분투하는 법을 배워야 합니다. 이것을 격려하는 것이 축복입니다…

이제 그는 조용히 이런 방식으로 묻혀 살아갈 수 있었다. 그의 삶은 그가 속해 있던 곳에서 그리고 완전히 속해 있으면서, 마지막으로 죽음이 올 때까지 한 주인에게 비밀의 예배가 될 수 있었다.

이것은 그의 의도가 아니었다. 그가 모범이 되기만 원했으나 인류를 구원하기 위해 태어났다는 것, 혹은 고통과 죽임을 당함으로써 속죄가 되기 위해 태어났다는 것을 멀리하며, 그럼에도 불구하고 이것을 멀리하며 은둔 가운데 살지 못했을 것이다. 오직 한 주인만을 섬기는 것은 그의 과업이었으며, 그의 양식이었다.(요 4:34)

그는 그것을 세상에 알리고 싶어 했다. 그것이 그가 인류의 단계에서 출발해야만 하는 이유이다. 내가 이것을 이런 식으로 표현하면, 그는 가능한 한 모든 사람들의 관심을 자기자신에게 고정할 수 있도록 인류의 단계에서 나아간 것이다.

그는 그 결과가 어떻게 될지 너무나 잘 알고 있었다. 그에게 집중된 사람들의 관심이 그의 고통이 되었다는 것도 알고 있었다. 그와 가장 가까이 있는 다른 사람들과 이질적인 것heterogeneous, 무조건적으로 모든 사람들과 이질적이면서도 그들 중에 있기를 원하는 것은 말할 것도 없고, 이것은 전쟁 중에 다른 병사들과 보조를 맞추지 못하고 넘어져 너무 쉽게 다른 병사들의 발 아래 짓밟히고 마는 병사보다 훨씬 더 위험하다.

그는 세상에 남아 있다. 그는 세상에서 후퇴하지 않는다. 그러나 그는 고통당하기 위해 거기에 남아 있었던 것이다. 이것은 오늘날 설교에서 불평하고 있는 어떤 종류의 경건과는 다른 무엇이다. 어쨌든 오늘날 정확히 실천되지 못한 경건이다. 그러므로 그것에 대한 어떤 불평이 있다는 것은 이상하다.

그것은 사라진 시대에는 실천되었다. 세상의 잡음과 오락과 위험들과는 거리가 먼 고독하고 숨겨진 장소를 구하는 경건, 가능하다면 그것은 깊은 고요 가운데 홀로 하나님만을 섬기기 위한 경건, 이런 종류의 경건은 기소되었다. 이것은 비겁이라 일컫기도 한다. 그것은 오늘날 우리가, 우리 경건한 자들이 조금 더 좋은 방법으로 또한 다르게 경건을 추구하는 이유이다. 우리는 세상에 남아 있다. 세상에서 출세하고, 파티에서는 재치가 넘치고, 세상에서 허세를 부리기 좋아한다. 이것은 세상에서 비겁하게 후퇴하지 않는 모범과 비슷하다.

오, 이 깊숙한 교활함이여! 하나님과 경건 같은 것들은 안중에 없이 세상에 남아 있는 것, 자기자신과 자신의 삶은 세속주의와 완전히 일치하며, 순수하고 섞이지 않는 세속성worldliness이 되었다는 것을 분명하게 밝히도록 세상에 남아 있는 것, 이런 종류의 경건! 이것은 정말로 수도원의 경건보다 더 뛰어나지 않다.

그러나 사람은 두 가지 방법에서 부당하게 이득을 취한다. 사람은 먼저 자신을 위해 모든 세속적인 즐거움을 사로잡는다. (수도원에서 조용한 거주자가 비난하는 무엇) 그때 사람은 이런 세속주의secularism가 더 고차원적인 경건이 되기를 원할 만큼 충분히 건방지다. 수도원의 조용한 은폐보다 더 고차원적인 경건, 오, 이 대단한 정제기술이여refinement! 진실로 누가 그런 것을 꿈이라도 꾸었겠는가! 이 메스꺼움이여!

아니다, 가능하다면 거기에서 하나님만 홀로 섬기기 위해 고독하고, 숨겨진 장소를 찾는 것은 확실히 최상the highest은 아니다. 그것은 최상이 아니다. 우리는 진실로 이 모범에서 최상을 본다.

그러나 그것이 최상이 아니어도, 그럼에도 그것은 가능하다. 다른 것이 최상이 아니라는 것이 우리들의 어떤 걱정인가? 그럼에도, 이 버릇없고 세속화된 세대에서 우리들의 단 한 명도 그것을 할 수 없는 가능성이 있다.

그러나 그것은 최상이 아니다. 최상은 이것이다. 하나님만 홀로 섬기면서 세상과 무조건적으로 이질적이 되는 것, 세상 속에 남아 있고 모든 사람들의 눈앞의 중앙에 남아 있는 것, 모든 관심을 자기자신에게 향하게 하는 것, 그때 핍박은 피할 수 없게 된다.

이것이 기독교적인 경건이다. 하나님만 홀로 섬기기 위해 모든 것을 포기하는 것, 하나님만 홀로 섬기기 위해 자신을 부인하는 것, 그리고 그때 이를 위해 고난당해야만 하는 것. 선을 행하고 이를 위해 고난당하는 것. 모범이 표현한 것은 바로 이것이다. 어떤 단순한 사람이 언급한 것도 바로 이것이다. 우리 시대의 최고의 선생이었던 루터Luther가 진정한 기독교에 해당되는 것으로 지적한 것이 바로 이것이다. 교리를 위해 고난당하는 것, 선을 행하고 이를 위해 고난당하는 것, 그리고 이 세상에서 고난당하는 것이 이 세상에서 그리스도인이

되는 것과 분리 불가능한 것.[48]

우리는 오직 한 주인을 섬기기 원했던 사람이 잘 지냈는지 살펴볼 것이다. 즉, 그가 이 세상에서 잘 지내야만 했던 것인지 살펴볼 것이다. 왜냐하면 그가 잘 지냈던 것처럼 그는 잘 지내야 하니까. 그래서 그는 세상에서 어느 때라도 잘 지낼 것이니까.

오직 한 주인만 섬긴다

그는 오직 한 주인만을 섬기는 것이 무엇을 의미하는지 표현하기 원하며, 모든 사람이 적어도 두 명 혹은 그 이상의 주인을 섬기는 이 세상에서 그것을 표현하기 원한다. 그는 은둔 속에 있고 싶지 않다. 아니, 그는 그것을 알리고 싶어 한다. 그는 모든 사람들의 관심을 자신에게 집중시키기 원한다.

결과는 어땠을까? 그가 온 세계와, 모든 사람과 적대적 충돌 상태로 가게 될 것이라는 것이 그 결과이다. 다양한 방법으로, 그들은 그를 자신처럼 되도록 그 자신, 그의 과업, 그의 주인에게 충성하지 못하도록, 그를 강요하고, 협박하고, 유혹하고, 설득하고, 움직이려고 노

---

48 루터의 설교 *Luther's sermon on John 16:1-4, Sunday after Ascension Day, Enchristelig Postille*···, I-II, tr. Jorgen Thisted(Copenhagen: 1828; ASKB 283), I, pp. 338-39; *Luther's Works*, I-LV, ed. Jaroslav Pelikan and Helmut T. Lehmann(Philadelphia: Fortress; St. Louis: Concordia, 1958-75), XXIV, pp. 315-16.

력했을 것이다. 세상은 자신의 전쟁을 끝까지 수행하기 위해 극단으로 치달았을 것이다. 세상은 그가 가장 수치스러운 죽음으로 생을 마감할 때까지 그를 놔두지 않을 것이다. 세계가 원하는 것은 악의 권세가 원하는 것과 정확히 같다. 하나님처럼! 악마the prince of this world, 그는 독점적으로 자신을 예배하도록 요구한다.

그렇지만 그것은 불가능하다. 그는 그 주인이 아니며, 한 주인이 아니다. 그러므로 그는 모든 사람을 위해 단 하나의 주인이며, 모든 사람은 여전히 한 주인을 섬기지 않는다. 세상과의 이런 충돌, 인류와의 이런 충돌은 악한 권세가 선동한 것일 뿐만 아니라 모범의 역사이기도 하다.

그는 오직 한 주인만을 섬긴다. 그리고 경주에 참가하는 사람은 이를 위해 옷을 입는 것처럼, 전쟁에 나가는 자가 이를 위해 무장하는 것처럼, 그의 실존existence 역시 오직 한 주인만을 섬길 수 있도록 계획되었다.

그는 무조건적으로 세상에서 외인이다. 그는 이 세상에서 어떤 것과 최소한의 연합도 없었고, 결코 어떤 사람과의 연합도 없었다. 이 세상에서 모든 것은 실제로 연합의 문제이다. 부자가 하나님의 나라에 들어가는 것이 낙타가 바늘귀를 통과하는 것보다 어렵다.(마 9:24, 막 10:25) 그러나 오직 한 주인만을 섬기기 위해 심지어 최소한의 연합이 있는 자에게는 하나님의 나라는 불가능하다.

그는 남편처럼 어떤 여자에게 구속되지 않는다. 그는 아버지도 어머니도, 형제자매도, 그가 연합하고 있는 어떤 친척도 없다. 아니, "이 사람들(따르는 자들)이 내 형제요, 자매요, 아버지와 어머니이다."(막 3:34-35)

그때 그에게 정말로 따르는 자들이 있었는가? 따르는 자들, 그들이 정말로 따르는 자들이었다면, 어떤 연합도 없다. 따르는 자들과 관련해서, 그는 모든 순간에 먼저 하나님과 관계하면서 오직 그분만 홀로 섬겨야 하기 때문이다. 따르는 자들이 어떤 종류의 연합을 만들기 원했다면, 그때 그들은 따르는 자들이 아니다. 아니, 연합이 오직 한 주인만을 섬기는 자를 포획하는 것이 불가능한 만큼 미끄러운 것을 꽉 붙잡고 유지하는 것이 그렇게 어렵지 않다.

그가 모든 사람의 관심을 자기에게 이끌고 있기 때문에, 물론 그들은 그가 "오직 한 주인만을 섬긴다"는 이 과장을 포기하기만 한다면, 가장 다양한 방법으로 그를 설득하여 자기편으로 끌어들이기 위해 노력할 것이다.

그는 선생으로 나타난다. 거의 즉각적으로 그는 작은 나라의 모든 사람의 관심의 대상이 된다.(마 4:23-24) 그는 가르친다.

"한 사람이 두 주인을 섬길 수 없다."

"그가 먼저 앞서서 그에 부응하여 행하지 못하기만 했다면, 그가 가르친 것은 아무것도 아니었을 텐데. 그때 사람들은 그와 동맹하는 것은 불가능하게 된다. 그러나 한 사람이 두 주인을 섬길 수 없다는 이 사상은 객관적 교리로 쉽게 바꿀 수 있다.(진정한 진지함이여!) 그러므로 선생인 그가 왕과 왕자가 되는 이 세상의 나라(요 18:36)와 그에게 가장 가까이에 서 있었던 우리들은 그때 왕좌throne에 가장 가까이에 서 있게 될 것이다.(마 10:37)"

그는 권력자와 대중이라고 부르는 것, 일반적으로 이런 경향이 있는 것처럼, 이 두 그룹으로 분열된 이 작은 나라에 선생으로 나타난다. 이 양쪽은 그에 대한 자신들의 안목이 있다. 그는 그들 중에 어떤 쪽에 참여할 것인가? 그들 중에 어떤 쪽이 회원으로 그를 얻는 데에 성공할 것인가? 그는 탄생으로도 어떤 외부적인 환경으로도 권력자 편에 속하지 못했다. 그러나 그들은 그가 권세가 있었다는 것을 충분히 잘 볼 수 있다. 그의 탄생과 환경을 보면 그는 대중에 속하기 쉬운 것처럼 보인다. 그들은 기쁘게 그 안에 있는 권세를 본다.

그러나 그는 오직 한 주인만 섬긴다. 오직 한 주인. 오, 이 고난과 몰락으로 가는 확실한 길이여! 가장 얇은 여름 옷을 입고, 눈보라를 맞으며 밖에 있는 사람도 모든 것이 연합인 세상에서 고독한 인간이 되기를 바라는 자만큼 노출되지 않는다.

따라서 세상은 연합의 이기심으로 개인이 한 연합의 지체가 됨으로써 몇 개의 연합에 대항하여 자신을 보호할 때까지 자신과 동맹하도록 요구하는 반면, 이 고독한 사람은 그가 어떤 사람과도 연합하기를 바라지 않는다는 것이 명백해지는 순간, 그에 대항하는 모든 연합을 얻게 되며, 모든 연합들은 그에 대항하여 하나로 결합된다. 이 거창한 연합이여!

그는 오직 한 주인만을 섬기기 원한다. 그는 이 모든 사람까지 볼 수 있듯이 그는 거대한 권세이다. 그의 동시대 사람들은 놀라움으로 그를 본다. 이 순간에 결코 어떤 반대에 대한 의견도 없다. 질투도 자신의 역량을 발휘하지 못한다. 맞다, 모든 것은 놀라움이요, 이 사람에 대한 놀라움이다. 그는 거의 전능하게 모든 가능성들을 자신의 손에 쥐고 있는 것처럼 보인다. 그는 자신이 원하는 사람이 될 수 있다.

이것은 마치 동화 같은 이야기이다. 놀라움은 신기한 듯이 다음과 같이 추측한다.

"자, 그는 도대체 어떤 사람이 되기를 바랄까? 그러나 그는 대단한 인물이 되고 싶어 해야 한다. 그가 무엇이 되기를 원하든 그는 그것을 달성할 수 있어야 해. 그가 그것을 원한다면, 그것은 위대한 것이 될 거야. 그때 그의 모든 동시대 사람들의 통일된 인정approval이 적어도 많은 사람들의 연합이 열정적으로 그를 받아들이겠지."

남녀 간의 사랑erotic love, 우정 같은 것들도 동일하게 인간적 인정이 있다. 그것은 자기 사랑self-love이다. 직접적인 인식 가능성recognizability이 있는 곳에, 특출한exceptional 사람의 현존이 세속적 권세, 명예, 지위 그리고 금과 재물에 의해 알려지는 곳에, 거기에 인간적 인정도 쉽게 구할 수 있다.

개인이 항상 이런 식으로 그것을 의식하는 것이 아니라 그것은 이기심의 자연적인 교활함처럼 그의 속에 있어도, 그것은 단순한 산술 과정이다. 이런 점에 대하여 인정함으로써, 나는 권력자와 공유하게 되는 이점을 누리며 권력자 편을 들 수 있는 이점을 얻게 된다. 그래서 나도 그의 영혼이 비열하게 쪼그라들지는 않지만 사심 없는 열광으로 확대되어 버린 쾌활한 사람이다.

그러나 더 직접적인 인식 가능성이 부족하거나 거부된 곳에서 인정하는 것은 이익이 없다. 그것은 노력이고 희생을 만든다. 기독교적으로 볼 때, 그것은 사랑Kjerlighed이었다는 것이 명백한 곳에 남녀 간의 사랑Elskov과 우정이 부재한 것처럼, 거기에 인정은 부재한다.

하늘의 하나님이 겸손한 종의 형체로 옷을 입는다면, 그분이 신적인 낭비(내가 감히 이런 식으로 말한다면), 하늘에 의존한 수표를 뿌려댄다면, 인간적 인정은 이런 종류의 위대함과는 어울릴 수 없다. 우리 모두가 알다시피 인간적 평범성mediocrity은 유행한다. 그것은 인간적 인정의 사변 정신speculative mentality을 위한 것이다.

어떤 가족에 특출한 아이가 있다면, 이것이 직접적으로 세속적인 명예와 존경, 유럽적인 명성, 메달과 훈장에 의해 알려진다면, 자, 이것은 훌륭하고 그 가족은 완전하다. 이 사심 없는 열광이여! 그가 특출나지만 직접적인 인식 가능성이 없다면 가족은 곧바로 그를 짐으로, 골칫거리로 느끼게 된다. 그 가족은 오히려 그가 완전히 보잘것없는 사람이 되기를 바란다. 인간적 인정도 이와 마찬가지이다. 오직 한 주인만을 섬기기 원하는 그는 무조건적으로 무nothing가 되기를 원한다.

전능의 능력으로 그가 그것을 가지고 있고, 그것을 이용할 수 있어도 대중의 눈에서 그것을 숨긴다. 결국 무가 되기 위해 전능의 능력이 필요하고, 그것을 이용하는 것은 광기인 것처럼 보인다. 이 전능의 능력으로 그는 무가 되기를 다짐한다.

그래서 그는 모든 사람들과 단절해야만 한다. 인간적으로 말한다면, 그는 그들을 불행하게, 한없이 불행하게 해야 한다. 그에게 매우 소중했던 몇 사람도 불행하게 해야 했다. 어머니는 그 마음이 칼로 찔리듯 불행함을 느껴야만 한다.(눅 2:35) 제자들은 죽음의 쓴맛으로 불행함을 느껴야만 한다.

그의 손에 모든 가능성을 가지고 있었고 여전히 가지고 있는 그가! 아, 오해에 대한 영혼의 비통함이여! 가장 사랑하는 자, 가장 선한 자, 가장 정직한 자와 관계할 때조차도, 그는 모든 인간이, 가장 사랑하는 자가 (슬프다, 가장 사랑하는 자여!), 가장 정직한 자가 (슬프다, 가장 정직한 자여!), 모든 것을 고려해 볼 때, 그럼에도 비겁한 놈, 배신자, 위선자라는 것을 명확히 해야만 한다.

끔찍하도다! 진실로 사람에 대하여 좋은 인상을 받는 것만큼 그렇게 유익한 것이 어디 있단 말인가! 그가 사랑했고 신뢰했던 사람에 대하여 정반대의 인상을 받는 것만큼 비참한 것은 어디 있단 말인가! 오, 나의 친구여, 이것을 생각해 보라.

어떤 젊은이가 있었다. 그는 소녀를 알게 되었고, 이 사랑스러운 소녀가 아내가 되었다. 그들은 70세가 되었다. 어느 아름다운 여름이었고, 그들 인생의 중요한 날이었다. 그날 저녁에 그녀는 죽는다. 그리고 그는 깊이 감명을 받고 말한다.

"다른 사람이 무엇을 경험했든 나는 신실한 사랑이 존재한다는 걸 경험했어."

운 좋은 사람이여, 그때 모든 것에 감사하라. 당신이 이미 가지고 있었던 것뿐만 아니라 당신이 가지고 있는 것, 당신의 행복, 당신의 슬픔의 행복에 대하여 감사하라. 그것이 죽음이었던 행복한 슬픔이여, 죽음은 그녀에게서 신실성 faithfulness 을 빼앗은 것이 아니고, 당신에게서 신실성이 있는 그녀를 빼앗은 것이다.

만약 그가 이 소녀에게 부득이하게 중대한 결정을 하도록 말을 시켰다면, 그는 다른 것을 발견했을 텐데. 즉, 온화하게 말한다면, 그럼에도 그녀 역시 수다쟁이였다는 것, 내가 중대한 결정에서 나 자신에 대하여 역시 수다쟁이라는 것을 배웠던 것처럼, 그 자신도 그랬다는 것을 발견했을 텐데.

두 젊은이가 있다. 그들은 젊을 때 친한 친구가 되었다. 그리고 일생을 평범한 삶을 산 것처럼 나이가 들어도 아무것도 변한 것이 없었다. 그때 한 친구가 죽는다. 친구는 친구로부터 분리되었다. 그리고 그의 무덤에서 친구는 말한다.

"다른 사람들이 무엇을 경험했든, 나는 우정이 존재한다는 것을 경험했습니다."

운 좋은 사람이여! 경험을 통해, 그런 오랜 경험을 통해 그런 기쁨을 알게 되었다니 얼마나 부러운 행복인가!

아마 당신보다 나이가 더 많은 어떤 사람이 있다. 그럼에도 당신은 그와 동시대 사람이라고 말할 수 있다. 당신은 그에게서 위대함과 고상함loftiness를 본다. 당신 둘은 조용하고 안정적인 시기에 살게 된다. 그때 그는 죽는다. 그의 무덤에서 당신은 기쁘게 선포한다.

"다른 사람이 무엇을 경험했든, 나는 고귀한 인격이 존재한다는 것을 경험했습니다."

운 좋은 사람이여! 당신이 실제로 알게 된 것은 모든 것이 조용하고 안정적이었다는 것을 알라. 폭풍이 발생하기라도 했다면, 당신은 그가 당신과 나처럼 비열했다는 것을 보게 되었을 텐데. 누군가 위대하고 고상한 인물로 존경했던 사람, 그는 진리가 자신이 생각한 대로 존재하기 위해서라면 간이라도 내어줄 것이다.

그러나 이 사람이 또한 비열했고 비천했다는 것을 분명히 드러내야만 하는 것, 오, 이것은 사람이 자신이 얼마나 경멸을 받아야 하는지 발견하는 것보다 훨씬 더 쓰라리고, 모든 고통 중에서 가장 쓰라리다. 오, 이것을 나에게서 가져가라, 나를 좀 풀어 주라! 그 일은 그냥 내버려 두라! 다만 그 일을 분명하게 드러내야만 할 사람이 내가 아니도록 하라!

이것이 그가 해야만 하는 것이다. 오직 한 주인만을 섬기는 그가, 그가 끝까지 계속 오직 한 주인만을 섬기려 한다면, 모든 사람들과 관련하여, 또한 오직 그만이 사랑할 수 있는 대로 그가 사랑했던 그들과 관련하여 이것을 분명히 드러내야만 할 것이다. 그는 완전히 사랑인 분이다. 그러나 여기에 누군가를 존경한다는 질문은 있을 수도 없다.

오, 사랑과 자비였던 당신이여,

그들은 당신과 함께 당신을 위하여 기꺼이 모든 고난을 당하기 원합니다.

그때 당신의 사랑 안에서 당신은 아주 조금이라도

그 대가를 깎지 못했습니다.

그리하여 그들에 대한 이런 인상을 피하게 해주지 못했습니다.

아, 내가 얼마나 쓸데없는 놈인가! 오, 그들을 피하게 해주지 못한 영혼의 고통이여! 사랑으로도 조금도, 겨우 조금이라도 그 대가를 깎을 수 없다니 이 무슨 괴로움인가. 사람은 사랑으로 그들을 구원하기 원하기 때문이다. (아, 이것은 미친 짓이다.)

그는 오직 한 주인만을 섬긴다. 그는 자신이 계속적으로 무가 되었음을 보증하기 위해 전능의 능력을 사용한다. 그는 자신이 서 있는 곳에서, 자신이 취한 입장에서 단 한 걸음도 움직이지 않기 위해 동일하게 이 위대한 능력을 사용한다. 모든 사람들의 눈앞에서, 현실성의 한복판에서 그는 표현하기 원한다.

"나의 나라는 이 세상에 속하지 않는다."

마침내 그는 모든 사람의 관심을 자기자신에게 향하게 하기 위해 동일하게 이 위대한 능력을 사용한다. 이것은 인류를 미치도록 강요하는 시도인 것처럼 보인다. 그의 동시대 사람들은 이에 대하여 같은 것을 느꼈을 것이다. 말하자면, 그는 그것을 떠맡기기 원한다. 혹은 그것을 강제로 집어넣는다. 즉, "정신spirit"이 되는 자격, 인류가 항상 여분superfluity이라고 생각했던 것을 떠맡긴다.

이 시도가 너무 극단적이라면, 인류는 "귀신들린 사람(요 7:20, 막 3:22)"으로부터 나온 이런 광적이고 망상에 사로잡힌 과장에 대하여 필사적으로 자신을 방어하는 것이 필요하다고 생각했다. 이것은 현 시대를 정신 나가게 강요하기 원하는 것과 같다. "무nothing가 되는 것"과 "관심" 사이의 관계를 통제하는 법칙law은 다음과 같기 때문이다.

은둔obscurity은 자기자신에게 아무 관심도 끌기 원하지 않기 때문에 명확히 무가 되는 것과 부합한다. 자기자신에게 관심을 끌게 하는 것은 대단한 인물being something이 되는 것과 부합한다. 그것은 도착해서 주위를 둘러보고 말한다.

"그래, 정말로 여기에 대단한 인물이 있군. 그래서 나를 위해 관심을 준 것은 옳은 일이었지."

자기자신에게 상당한 관심을 끌게 하는 것은 상당한 인물이 되는 것과 부합한다. 완전히 비범한extraordinary 인물이 되는 것은 이 공식을 전복시키는 것 없이, 전 시대의 모든 관심을 자기자신에게 이끌 수 있다.

여기에 광기가 나타난다. 즉, 무nothing가 되는 것. 그리고 모든 사람의 관심을 자기자신에게 향하도록 하는 것이다. 정말 이것은 사람을 미치게 한다. 이 세상의 한복판에서 이 세상에 속하지 않는 나라를 세우기 원하는 것만큼이나 미친 짓이다. 누군가 그것이 이 세상에 속하기를 원치 않는다면, 그때 그것은 정확히 이 세상의 한복판에서 그것을 위한 장소를 선택하는 것이 순전한 광기인 것처럼, 순수한 궤변이거나 변덕이다.

결국, 사람은 동일한 나라를 살면서 다른 세계를 찾기 위해 준비할 수 있다. 혹은 적어도 이 세상에 속하지 않는 나라를 세우기 위해 이 세상의 외딴 장소를 찾을 수 있다. 그러나 이 세상의 한복판에서 그것을 위한 장소를 선택하는 것, 그것은 위험한 게임이다. 그가 미치거나 우리 모두가 미치거나. 이것은 생사를 건 싸움이다. 그가 이기거나 우리 나머지가 이기거나. 그러나 우리는 물과 불이 합의하지 못하는 것보다 더욱 합의하지 못한다.

그럼에도 불구하고 그는 오직 한 주인만을 섬긴다. 그는 이 세상을 따르기 원하는 것과 관련하여 조금도 굴복하지 않는다. 혹은 이 세상에서 대단한 인물이 됨으로써 이 세상에서 모종의 순응에 빠지도록 자신을 허용하지 않는다. 또한 이 세상에서 빠져나와 외딴 장소에 빠지도록 자신을 허용하지도 않는다. 절대로 없다! 그때 온 세계와 연합한 모든 사람들은 마침내 이 사람에게서 등을 돌려야만 한다. 어떻게 그를 제거할 것인가?

어떻게 그를 제거할 것인가? 이런 식으로 그에게서 벗어나라? 그가 미쳤다고 선포하고 조용하게 모든 사람이 대단한 인물이 되었던 입장으로 돌아가라? 아니, 그것은 이루어질 수 없다. 그는 개인과 모든 동시대에 너무 강력하기 때문이다. 그는 그들에게 너무나 깊은 상처를 주었다. 그것은 일반적으로 동의하는 바, 개미가 개미핥기가 미쳤다고 선포함으로써 개미핥기의 혀가 제거될 것이라고 생각하는 것만큼이나 멍청한 짓이다. 그래서 할 수 있는 아무것도 없고, 다만 죄의 범주에 의하여, 그의 삶을 가장 소름끼치는 자만egotism 가장 충격적인 오만arrogance으로 고발함으로써 그에 대하여 자신을 방어하는 것 뿐이다.

그러나 이것은 충분하지 않다. 그는 인류에게 너무 강하다. 그때 마지막 한 가지가 남았다! 우리 인간이, 모든 세대가, 우리가 "하나님"의 범주로 후퇴할 것이다. 그 장소로부터 우리는 그를 겨냥할 것이고, 우리 편인 하나님과 함께 그를 공격하게 될 것이다. 그리고 이것이 발견되었다. 그는 하나님을 모독했던 것이다.(마 9:3, 26:65)

그래서 그것이 죄명이 되었을 것이다! 그의 마지막 시간은 다가온다. 그에게 제자들이 있었다. 그가 싸우고 있는 결정적인 순간에, 그가 죽음으로 불안해하는 순간에, 그는 제자들이 아무 걱정 없이 자고 있는 것을 본다. 그들은 한시라도 그와 함께 깨어있을 수 없었다.(마 26:40) 그러나 그들 중에 한 명은 잠을 자지 않았다. 그는 그를 배신하고 팔기 위해 그 순간을 이용한다. 그때 그는 붙잡혔다. 그리고 제자들은 잠에서 깨었고, 그들의 눈을 떴다. 그들은 도망친다. 그들 중에서 가장 신실한 자도 그를 부인한다.(마 26:56, 69-75)

그는 고소를 당하여 판사 앞에 선다. 더 정확히 말해 정죄당하고, 매를 맞고, 모든 가능한 모욕으로 옷을 입고, 조롱당하고, 침뱉음을 당한다. 그때 다음과 같은 일이 그에게 벌어진다.

"언젠가 당신은 누구인지 말해야 해. 자, 지금이 그때이다. 이제 그 이름이 망령되이 일컬을 수 없도록 전능하게 확증해 봐.”

그래, “나는 진실로 왕이다.”[49] 그가 지금 이렇게 말한 것은 충분히 사람을 미치게 한다. 충분히 그 사람에게 격분하게 한다. 이것은 우리 모두 기다렸던 것이다. 그는 그것을 즉시 말했어야 했다. 그러면 그는 왕이 되었을 텐데. 아무것도 더 이상 확실한 것은 없다. 그는 무조건적으로 너무 늦은 순간을, “나는 진실로 왕이다”라고 말하는 것이 무조건적으로 불가능하게 되어 버린 순간을 기다리기만 한 것처럼 보인다.

그는 여전히 목숨을 건질 수도 있었다. 고소당하는 대신에, 그 지역의 총독은 친절하게 그를 돌볼 수도 있는 많은 칭찬을 받을 만한 인간적인 동정심에 호소했다. 그가 끝까지 오만한 행동으로 그것을 무가치하게만 하지 않았더라면, 끝까지 제멋대로 하지 않았더라면, 그가 삶과 세상으로 들어와서, 아직도 세상에서 대단한 인물이 되기 위한 삶에 대한 열정이 있다는 것을 최소한, 최소한의 표적으로 조금도 암시하지 않았더라면, 누가 아는가! 사람들은 선택할 권리가 있고 강도와 이 고소당한 자 사이에 해방을 놓고 선택한다. 그들은 강도를 선택한다.

다른 사람은 물론 훨씬 더 끔찍한 강도였다. 전 인류에 대한 그의 공격, 인간이란 어떤 존재인지에 대한 그의 공격과 비교할 때, 대로에서 아마 여섯 번 정도 여행자들을 공격하는 것이 무슨 공격일 수 있는가. 도둑은 나의 돈을 훔칠 수 있다. 그런 행동을 통해 우리는 불일치

---

49 마 27:11, 막 15:2, 요 18:33-37.

하게 된다. 그러나 다른 의미에서 우리는 완전히 일치한다. 도둑은 정말로 돈이 큰 도움good이라는 나의 의견을 공유하기 때문이다.

비방자slanderer는 나의 명예와 명성을 훔칠 수 있다. 그러나 비방자는 명예와 명성이 큰 도움이라는 나의 의견을 공유한다. 이것이 그가 나에게서 명성과 명예를 강탈한 이유이다. 그러나 훨씬 더 교활한 방식으로 누군가 우리에게서, 이를테면 우리의 모든 돈, 명예, 명성 같은 것을 강탈할 수 있다. 그 안에 우리의 인생이 있는 우리 인간의 삶을 그는 훔쳐간다. 그것은 진실로, 그가, 고소당한 자가 한 일이다. 그는 부자의 돈을 훔쳐 가지 않았다. 그렇다. 그러나 그는 돈의 소유로부터 그 사상을 빼앗았다.

"오, 불쌍하고 야비한 맘몬mammon이여,"

이것은 그의 삶이 표현했던 것이다. "불쌍한 맘몬, 사람은 그것을 축적함으로써 자신을 더럽힌다. 그는 그것을 모아서 자신의 파멸에 빠진다. 그는 그것을 소유하여 저주에 이른다. 마침내 그는 영원히 지옥으로 가는 저주를 받기 위해 맘몬을 소유한다. 당신이 나를 이해한다면, 당신에게서 모든 것을 훔쳐간 이 도둑을 당신의 가장 위대한 은인으로 간주할 것이다. 은인은 당신이 도움이 필요할 때 당신을 도왔다. 낙타가 바늘귀를 통과하다가 혼이 났기 때문이다.(마 19:24)"

그는 어떤 사람의 명예와 명성을 실추시켰던 비방가도 아니었다. 그렇다. 그러나 그는 인간적인 명성과 명예로부터 그 사상을 빼앗아 갔다. "오, 이 비참한 바보의 복장이여." 그의 삶은 이것을 표현했다.

"이 비참한 비보의 복장이여. 그것을 많이 입으년 입을수록 그것
이 더욱 반짝거리고, 빛이 날수록 그것은 더욱 비참해진다. 당신은 이
것을 깨닫지 못한다. 당신은 대관식 예복을 입는 대신에 실수로 수
의grave shroud를 입은 저 왕과 같다.[50] 확실히 당신은 실수하지 않는다.
당신은 알맞은 대관식 예복을 입고 있었다.

그러나 경계하라. 이것은 수의이다. 어떤 사람도 당신에게서 이 수
의를 강탈하기 위해 시도하는 것에 대해 두려워할 필요도 없이, 당신
이 지옥으로 여행할 수 있는 바로 그 수의이다. 거기에서 이것은 당
신의 고문 예복이 될 것이기 때문이다. 당신이 추방되었을 때, 형벌로
그 예복을 계속 입고 있어야 할 것이다. 당신은 결혼 예복을 입지 않
았기 때문이다."(마 22:11-14)

그때 내가 돈, 예복the purple, 메달과 훈장을 소유하는 것이 다 무슨
소용이 있단 말인가. 어디를 가든 축포로 환영을 받는 것이 무슨 유익
이 있는가. 내가 나타나는 곳마다 모든 사람이 무릎을 꿇는 것이 무슨
유익이 있는가. 그는 자신의 길을 간다면, 나에게 무슨 소용이 있는
가. 그때 그는 진실로 이것으로부터 사상을 빼앗을 것이니까. 그가 이
긴다면, 축포가 있을 때마다, 그들이 나에게 무릎을 꿇을 때마다, 나는
대신에 조소의 놀림감이 된다. 아마도 도둑질과 강도질이 너무 심각

---

50 Adam Gottlob Oehlenschager, Palnatoke, IV, *Oehenschagers Tragodier*, I-X(Copenhagen: 1841-49: ASKB
    1601-05[I-IX], II, pp. 272-73.

하여 사형을 부과해야 한다면, 우리 모두에게 그가 범죄한 이런 종류의 강도질에 대하여 오직 하나의 형벌밖에 없다. 그것은 사형이다.

그는 정말 신성모독자로 사형선고를 받았다. 모방자들의 밀고에 따르면, 그의 범죄는 오직 한 주인만을 섬기기 원한다는 것이다. 인간의 입법에서 이것은 불변한 채로 고정되어 있다. 왜냐하면 대중의 안전이 그것을 요구하기 때문이다.

그래서 그는 십자가에 못 박힌다. 그에게 있어서 죽음의 고투death struggle의 시간 동안 자기자신과 하나님이 대화한다. 그는 많은 말을 하지 않는다. 30분 간격으로 그는 무엇인가를 말한다. 고통이 그를 압도한다. 그는 고개를 떨군다. 그는 소리지른다.

"나의 하나님, 나의 하나님, 어찌하여 나를 버리셨나이까!"(마 27:46, 막 15:33)

그러나 이것은 고개를 떨군 채, 그가 죽어야 하는 그 길이 아니다.

"다 이루었다!"(요 19:30)

그는 무엇을 말하고 있는가? 물론 다 이루었다. 적어도 머지않아 다 이루어질 수 있다. 죽음은 멀리 떨어져 있을 수 없으니까.

"다 이루었다!"

그래서 그때 다 이루어진다. 이제 그는 죽어가는 머리를 하늘을 향하여 든다.

"아버지여, 내 영혼을 아버지 손에 부탁하나이다!"(눅 23:45)

"한 사람이 두 주인을 섬길 수 없다."

이것은 그의 말씀이고 그가 말씀 the Word 이셨다. 그는 오직 한 주인을 섬겼다. 그러므로 그가 그것을 말한 것은 옳았을 뿐만 아니라 복음에서 "한 사람이 두 주인을 섬길 수 없다."고 그가 말할 수 있는 권리를 갖게 된다. 그렇지만 우리 인간에게 그 문제가 너무 진지해지지 않도록, 치명적인 염려가 되지 않도록, 그는 자기자신에게서 관심을 돌려 다른 무엇인가를 향하게 한다. 그것은 마치 격려인 것처럼, 기분전환인 것처럼 보인다.

공중의 새를 보라

"들의 백합화를 생각하라. 공중의 새를 보라."[51]

결과적으로 그는 다음과 같이 말하지 않는다. "한 사람이 두 주인을 섬길 수 없다… 나를 보라." 그러나 그는 말한다. "한 사람이 두 주인을 섬길 수 없다…. 들의 백합화를 보라. 공중의 새를 생각하라." 그는 진리로, 무한히 더 큰 진리로, 괜찮다면, "나를 보라"고 말할 수도 있었다. 백합과 새는 정말로 아무것도 표현하지 않는다. 그리고 오직 그만이 백합과 새가 상징하는 것에 대한 진리이다. 그러나 그때 진지

---

51 마 6:26-29, 눅 12:24-27, "What We Learn from the Lilies of the Field and the Birds of the Air," Part III, *Discourses in Various Spirits*, *KW* XV(*SV* VIII 245-98); The Lily of the Field and the Bird of the Air, in *Without Authority*, *KW* XVIII (*SV* XI 3-48)

함earnestness은 치명적인 것이 되어 버렸을 텐데. 이런 이유로 그는 새와 백합을 사용한다. 그러나 진지함은 남는다. 왜냐하면 그가 그것을 말하고 있다는 것이 진지함이니까.

진리의 모든 전달과 관련하여, 그것이 진실한 것이 되어야 한다면, 말한 것이 진실한지를 먼저 질문해야 하며, 다음으로 말한 사람이 누구인지, 그의 삶이 무엇을 표현하고 있는지를 질문해야 한다.

경솔한 자, 게으른 자, 혹은 구두쇠가 시적인 분위기의 순간에 "들의 백합화를 보라. 공중의 새를 생각하라"는 이 진실한 말씀을 표현한다면, 그때 그것은 진지함이 아니라 노리개baubles와 허무emptiness일 뿐이다.

그러나 모범prototype이 이것을 말할 때, 그것은 진지함이다. 그의 삶이 그것에 대한 진리이기 때문이다. 그러나 진지함이 들의 백합과 공중의 새를 소개함으로써 거의 농담이 되어 부드러워졌다toned down[52]. 참새가 지금 교수가 되었다는 것이 이상할지라도, 참새가 가장 심각한 과학 혹은 예술의 교수가 되어도, 그럼에도 (여기에서는 적어도 새가 다른 교수들과는 다르다.) 내일은 이 참새가 반 페니짜리 동전으로 팔리고 구워지고 먹혀도, 절대로 이것은 웃을 수 있는 문제가 아니다. 수업이 있는 동안, 선생의 현존은 감히 아무도 웃지 못한다는 것을 의

---

52 사람이 한 주인을 섬긴다는 것은 불가능하다. 따라서 한 주인을 섬긴 그리스도를 모범으로 제시하는 것은 불가능한 일을 따르라는 의미이다. 이것이 기독교라면 기독교는 너무 엄격해서 차라리 율법에 머무는 것이 나을 것이나. 그러나 기독교는 관대하다. 이것은 키에르케고어가 말하는 관대함과 관련이 있다.

미하기 때문이다.

옛날 찬송가에서 "결코 웃지 않으셨던 그가 왜 우시는가?"[53] (눅 19:41) 라고 말하듯이, 그는 결코 웃지 않는다. 그렇지만 사람은 그가 웃으면 서 "들의 백합화를 보라. 공중의 새를 생각하라."고 말했다고 상상하 는 유혹에 빠질 수 있다. 그것은 아주 부드럽고, 아주 거룩하게 부드 럽다.

오직 한 주인만을 섬긴 것을 표현했던 오직 한 사람이 있음을 말하 고 있는 그 사람이 있을 때, 그것은 그에게 생명을 대가로 지불하게 할 것을 알고 있음을 말하고 있는 그 사람이 있을 때, 그리고 그때, 말 하자면, 이 모든 것을 잊을 수 있는 것, 그리고 말할 수 있는 것, "나에 대해서는 아니고, 우리가 새와 백합에 대하여 말해 보자!" 오, 그것이 그에게 생명을 대가로 지불하게 할 때, 매일 그리고 매 시간마다 영혼 의 고통을 대가로 지불하게 할 때, 그때 가르침을 아주 즐겁게 할 수 있는 것!

그것은 사람의 경우에서는 사정이 다르다. 그가 일상적인 것 이상 으로 생각해야 할 조그마한 것이라도 있다면, 그것과 연관된 노력과 희생은 말할 것도 없고, 그는 참새나 백합을 보기 위해서 애쓰지 않는 다. 인간의 어리석음으로, 무례한 자만심으로, 이것이 너무 시시한 것 들이라고 생각한다. 이것은 어린이들, 여자들, 그리고 빈둥거리는 자

---

53 이 찬송가의 정확한 위치를 찾지 못했다.

들을 위한 것이라고 생각한다. 그러나 세상의 구주가 주일 오후나 공휴일에 해야 할 일이 아무것도 없는 것처럼 말한다.

"들의 백합화를 보라. 공중의 새를 생각하라."

얼마나 천진난만한가! 얼마나 건전하고 유익한가! 이것은 정말로 우리가 종종 볼 수 있는 그런 병과는 상당히 다르다. 인간들과 관계하다 질려버린 자, 인간으로서 자기자신에게 질려버린 자, 그가 심적으로 어느 정도 붕괴된 상태에서 참새들과 살았으면 하는 생각이 스친다.[54] 이것이 아무리 우울해도, 때로는 이 우울이 재치 있게 자신을 표현해도, 그것이 진지하기에는 멀다.

새와 백합을 생각하라! 시간을, 많은 시간을 내보라. 그러나 다른 의미에서 그 순간을 이용하라. 지금은 가을이라는 것을 기억하라. 사랑스럽게도 가을이다. 그것이 1년의 계절 중에 하나이더라도, 오, 가장 아름다운 것, 가을은 또한 사라졌던 계절의 암시reminder 같다. 혹은 그것은 또한 앞으로 완전히 사라질 것에 대한 암시이기도 하다.

그래서 그 순간을 이용하라. 그때 겨울이, 긴 겨울이 온다. 그때 당신은 새와 백합을 보거나 들을 수 없다. 그때 그들은 오래전에 짐을 챙겨 가 버렸다. 이 떠돌이 학교 선생들은 다른 시골의 학교 선생들과 다르다. 후자는 특별히 겨울을 이용하고 대조적으로 여름에는 많은

---

54 Hans christian Anderson, "Lykkens Kalosker," *Samlede Skrifter*, I-XXIII (Copenhagen: 1854-57), XX, pp. 24-28; "The Magic Galoshes," *The Complete Fairy Tales and Stories*, tr. Erik Christian Haugaard (New York: Doubleday, 1974), pp. 101-03.

가르침이 없다.

이것은 아마 서로 교란이 되어 새와 백합과 싸우지 않기 위해서일 것이다. 그 순간을 이용하라! 배우기를 속히 하라! 새와 백합과 관계하는 한, 염려하지 말라. 그들은 그것이 곧 끝난다는 기색을 보여주지 않는다. 여름에 언제라도 주었던 동일한 확신으로, 그들은 가르쳐야만 하는 것을 가르친다. 그들이 가르친 것처럼, 그들의 지도는(이것은 인간에게 아주 유익하다) 항상 평이하고, 한결같고, 믿을 수 있고, 기분에 흔들리지 않는다.

그러나 이해할 수 없는 방식으로 영원히 불변한 채, 다만 항상 계절을 따라 그 순간에 맞추어 "동일하고 거의 동일하고 항상 동일하다." 그곳에 얼마나 친절한 평안peace이 있는가! 사람이 평안에 대한 그런 위대한 필요가 있다는 것은 적절하다. 특별히 평안이 그 자신 안에 있게 될 것이다. 당신, 들의 백합이여, 당신, 공중의 새여, 거기 당신 밖과 당신 안에 있는 이 평안, 그렇게 많은 실재하거나 상상으로 만들어진 슬픔과 염려와 고통이 뒤엎어 버리고 싶어 하는 이 평안, 안식인 평안 혹은 하나님 안에서 안식하는 이 평안.

그때 새를 주목하라. 새가 노래하고 재잘거리고 재잘거린다. 오, 이 소리를 들어보라. 새가 말하고 있는 사이에 끼어보라. 새를 주목하라! 옛날 찬송가에서 말한 것, "그래, 그래, 내일"⁵⁵ 슬퍼하는 것. 그러므로

---

55 이 찬송가의 정확한 위치를 찾지 못했다.

새는 "오늘"은 행복하다. 그때 슬픔은 생각한다.

"조금만 기다려. 나는 세심하게 살필 거야. 내일 동이 틀 무렵, 네가 둥지를 떠나가기 전에, 그리고 악마가 신발을 신기 전에(나는 그보다 훨씬 일찍 와서 돌아 다녀야 하니까, 그를 위한 길을 예비하기 위해 먼저 도착하는 종과 전령 중의 하나이니까.) 나는 올 거야."

그리고 내일, 새는 더 이상 거기에 없다. 뭐라고! 더 이상 거기에 없다니! 그래, 새는 떠나 버렸다. 새는 가 버렸다.

"어떻게 새가 떠났지? 결국 새의 여권은 압수되었다고. 새는 여권 없이 출발하지 못한다는 것은 확실해. 나는 저주받은 거야."

"이런, 누군가 제대로 경계를 하지 않은 게 틀림이 없군. 왜냐하면 새가 가 버렸기 때문이지. 이게 새가 마지막으로 남긴 말이었어. '슬픔이여 안녕, 그래, 그래 내일이야!'"

당신은 정말로 영리하다. 당신, 날개 달린 나그네여, 당신은 삶의 기술에 있어 경쟁 상대가 없는 교수이다! "그래, 그래, 내일이야"라고 슬픔에게 말할 수 있는 것, 그리고 그렇게 할 때, 오늘 행복할 수 있는 것, 거의 두 배로 행복할 수 있는 것, 그는 그것을 말하는 기쁨이 있기 때문이다.

이런 식으로 슬픔을 기만하는 것, 단지 며칠이 아닌(이게 무슨 소용이 있을까, 차라리 더 일찍 오는 것이 낫다.) 슬픔이 마침내 진지하게 올 때 무익한 시간이 될 때까지 오랫동안 그것을 계속 말하는 것, 매일 축복된 날에 슬픔이 무익하게 달려와서 결국 "내일"이라는 메시지를 받게 하는 것, 슬픔이 진지하게 와서 결국 무익하게 떠나도록 하는 것. 이것이 슬픔을 바보로 만드는 방식이다.

백합이여! 백합은 깊은 수심에 잠겨 있다. 백합은 머리가 약간 기운다. 머리를 흔든다. 그것은 슬픔을 위한 것이다.

"그래, 그래, 내일이야."

내일 백합은 부재를 위한 합법적인 변명을 갖고 있다.

백합은 집에 없다. 백합은 가 버렸다. 황제가 자신의 권리가 있었던들 그의 권력을 상실하고 만다. 슬픔은 즉시 그 요구를 찢어 버리는 것이 낫다. 그것은 유효하지 않다. 이것 때문에 슬픔은 분노하여 말한다.

"그것을 허락한 적이 없었다고!"

아하! 슬픔에게 "그래, 그래, 내일이야"라고 말할 수 있는 것, 그리고 그때 그 장소에 조용하게, 태평스러운 기쁨으로, 가능하다면 "내일이야!"라고 슬픔에게 농담을 던지며 더욱 행복하게 남아 있을 수 있는 것! 슬픔을 기만하는 것, 단 며칠, 단 한 주가 아니라 슬픔이 너무 이르다고 자신에게 알릴 때마다 "당신은 너무 이르다"고 계속 말하는 것, 슬픔이 올 때, 오랫동안 그것을 말하는 것, 슬픔이 오기에 너무 늦다!

삶에 대한 얼마나 대단한 기술mastery인가. 사람은 주인master을 존경함과 동시에 대체로 두려워 떤다. 대체로 그렇다. 그것은 정말로 생사의 문제이기 때문이다. 대체로 두려워 떤다. 그러나 주인의 기술art이 대단하기에 사람은 조금의 떨림조차 눈치 채지 못한다. 대단한 예술

가가 되기 위한 얼마나 감사 없는 일인가!⁵⁶ 그러나 사람은 가장 기쁘
고 가장 명랑한 농담에 빠지는 것처럼 그 기술에 빠져 버린다.

　그러니 새와 백합화에 주목하라! 확실히 자연에 정신spirit, Aand이 있
다.⁵⁷ 특별히 복음이 자연에 기운을 돋으면inspirit, beaande 그렇게 된다.
그때 자연은 사람을 위한 순수한 상징이며 순수한 지도이기 때문이
다. 자연은 또한 하나님에 의해 영감을 받는다inspired, indblæst. 자연은
"교육과 책망과 바르게 하기에 유익하다."(딤후 3:16) "들의 백합화를 생
각하라. 그들은 바느질도 하지 않고 실을 잣지도 않는다."

　그러나 혼자 힘으로 바느질 하고 있는 가장 잘 훈련된 재봉사도, 가
장 잘 훈련된 재봉사에게 가장 비싼 옷으로 자신의 옷을 만들게 시킨
공주도, 자신의 모든 영광 가운데 있는 솔로몬도 이 꽃 하나만큼이나
차려입지 못했다. 그러니 백합을 위해 실을 잣고 바느질을 한 사람이
있을까? 있다. 그분은 하늘의 하나님이다. 그러나 인간은 실을 잣고
바느질을 한다.

　"그래, 필연성necessity⁵⁸이 그들에게 그것을 가르치지. 알겠니? 필연
성이 벌거벗은 여자에게 실을 잣도록 가르치고 있는 거야."

56　자신의 죽음을 예견하고 눈 앞에 둔 사람의 삶은 얼마나 떨리는 삶이 겠는가! 그런 그리스도의 삶에서 인
　　간은 조금의 떨림조차 눈치채지 못했다. 인간의 이성으로 그 떨림을 눈치챘더라면, 인간은 그리스도께
　　감사할 수 있었을 텐데.

57　이것은 아마도 다음을 암시하고 있다. Hans Christian Ørsted, *Aanden I Naturen*, I–II (Copenhagen: 1850:
　　ASKB 945 [I]); *The soul in Nature*, tr. Leonora and Joanna B. Horner (London: 1852).(@)

58　인간은 일을 할 수 밖에 없다는 의미에서 필연이다. 그러나 이 필연이 함의하는 것은 그의 궁핍이다. 따라
　　서, 필연과 궁핍이라는 이중적 의미를 지니는 것이다.

"젠장. 당신은 어떻게 그런 식으로 당신의 일을 경시할 수 있는가. 마치 인간이, 하나님이, 실존이, 이 모든 것이 교도소 같다. 아니, 들의 백합을 보라. 그들에게 배우라. 당신이 알고 있는 것을 이해하기 위해 배우라. 당신은 실을 잣고 바느질을 해야 하는 것이 인간이라는 것을 알고 있다. 인간이 실을 잣고 바느질을 할 때, 그럼에도 정말로 실을 잣고 바느질을 하고 있는 것은 하나님이라는 것을 이해하기 위해 백합과 새를 통해서 배우라.

그러므로 당신은 재봉사가 이것을 이해한다면, 그녀가 자신의 일에 대해 게으르게 될 것이라고 믿는가? 당신은 그녀가 자신의 무릎 위에 손을 올려놓고 '좋아, 정말로 실을 잣고 바느질을 하시는 분이 하나님이라면, 내가 이런 비현실적인 길쌈과 바느질에 대하여 내가 용서를 구하고, 또 구해야 하는 것이 최선이야.'라고 생각한다고 믿는가? 그렇다면, 이 재봉사는 어리석은 작은 하녀에 불과하다. 무례하고 건방지기까지 하다는 것은 말할 것도 없다. 하나님은 이런 여인으로부터 어떤 기쁨도 찾을 수 없고 그녀 역시 백합으로부터 어떤 기쁨도 찾을 수 없다. 그녀는 우리 주님에 의해 제외되는 것 외에 아무런 가치도 없다. 그때 그녀는 자신이 어떻게 될 것인지 볼 수 있다.

그러나 그녀, 아이처럼 순수한 경건이 있는 우리의 사랑스러운 재봉사, 매력적인 재봉사, 그녀는 자신이 바느질을 할 때에만 하나님이 자신을 위해 바느질을 한다는 것을 이해한다. 그러므로 그녀는 더욱 열심히 그녀의 일에 부지런하게 된다. 계속적으로 바느질을 함으로써 그녀는 계속적으로 이것을 이해할 수가 있다. 얼마나 은혜로운 농담인가! 모든 바늘땀마다 바느질 하고 계신 분은 하나님이시다. 그래서 그녀는 계속 바느질 할 때마다 그녀의 계속 되는 모든 바늘땀마다 하나님이 바느질 하신다는 것을 이해한다.

이것은 얼마나 진지한가! 새와 백합화에게 지도를 받으면서 그녀가 이것을 이해했을 때, 그녀는 삶의 의미를 파악했다. 그녀의 삶은 아주 고차원적인 의미에서 의미심장했다. 그리고 그녀가 죽을 때, 그녀의 무덤 옆에서 진실로 최대한 가능하게, '그녀가 결혼을 했든 안했든 그것은 결정적인 것이 아니다. 그녀가 살았다는 것이다'라고 강조할 수 있다."

"공중의 새를 보라!" 당신은 걱정하고 낙망하여, 얼마나 당신의 눈을 내리떴는가! 이게 도대체 무엇인가? 하나님은 이런 식으로 사람을 창조하지 않으셨다. 당신은 이것을 모든 아이들의 책과 구분해야 한다. 인간과 동물을 구분하는 것은 직립보행이다. 그러니 당신의 머리를 들어보라!

"오, 제발 나를 좀 평안하게 내버려 두란 말이오!"

아니, 우리가 부드럽게 계속 해보자. 당신이 갑자기 이 땅에서 저 하늘을 우러러본다면, 그것은 당신의 병든 마음에 너무 돌발적인 이동이요, 너무 격렬한 운동이다. 그래서 당신을 돕기 위한 것이니 우리가 새에게 가 보자. 새는 당신이 보고 있는 땅 위에 앉아 있다. 자, 지금 새가 올라가고 있다. 확실히 당신은 눈으로 그 새를 따라 갈 만큼 충분히 머리를 들 수 있다. 새가 올라간다. 그러니 조금만 더, 조금만 더 머리를 들어보라. 지금이 딱 좋다. 새가 저 하늘 높이 있다. 그리고 당신도 알맞은 위치에 와 있다.

하늘에 있는 새를 보라. 오, 둥근 하늘이 압력을 가하며 억누르고 있다고 말할 수 없는 것처럼, 하나님은 더욱 억압하는 분일 수 없음을 당신 자신에게 고백하라. 아니, 억누르는 것은 이 땅에서부터 혹은 이 땅에 속한 당신 안에 있는 것으로부터 온다. 그러나 둥근 하늘이 새를 높이 올라가게 하듯이, 하나님도 당신을 높이 올라가기를 원하시는 분이다.

"공중의 새를 보라. 그들은 심지도 않고 거두지도 않고 창고에 모아 들이지도 않는다."

그러나 새들은 인간이 공기만 먹고 살 수 없는 것처럼 공기로 살 수 없다. 결과적으로 새들을 위해 심고 거두고 창고에 모아들이는 누군가 있는 것이 분명하다. 그분은 위대한 공급자 혹은 제공자이신 하나님이다. 그래서 우리는 그분을 섭리providence라고 부른다. 그분이 심고 거두고 창고에 모아들인다. 온 세상이 그분의 위대한 저장실과 같다. 따분한 사람이 하나님 없이 지내기 위해서 온 세상을 하나의 위대한 창고로 바꾸려는 따분한 사상을 갖고 있다. 그것은 어리석은 흉내이다. 맞다, 그것을 하시는 분이 하나님일 때 정말 기분이 좋다. 심지도 않고 거두지도 않고 창고에 모아들이지도 않는 새는 얼마나 즐거울까.

그러나 인간은 이것을 한다. 그들은 밭을 갈아야 하고, 씨를 뿌려야 하고, 수확해야 하고, 창고에 모아야 한다. 그때, 당신이 아는 것을 이해하기 위해 공중의 새를 보라. 당신은 심고 거두는 자가 인간이라는 것을 안다. 인간이 심고 거둘 때, 정말로 그것을 하고 계신 분이 하나님이라는 것을 이해하기 위해 배우라.

"무슨 소리야! 내가 이마에 땀방울이 맺히도록 들에 나가서 추수했다고. 땀이 쏟아져 내려 나를 흠뻑 적셨지. 내가 바로 추수하고 있었던 자라는 것을 확실히 알아. 적어도 땀을 흘리고 있었던 사람은 바로 나였으니까. 실제로 땀을 흘리고 계신 분은 하나님일까? 만약 추수하고 계신 분이 하나님이라면, 왜 나는 이런 식으로 땀을 흘려야 하지? 당신의 말은 거만하고 실천 불가능한 허튼수작이라고."

"이봐, 이봐, 냉담한 인간의 이해여, 당신은 인간이 되기 위해 기절하는 법을 새를 통해 배우지 않겠나? 새처럼, 당신은 일하는 것이 무엇을 의미하는 것인지 이해하기 위해 경건한 높임uplifting을 배우지 않겠나? 이런 식으로라도 문제를 뒤집어 생각한다면 당신이 지금 있는 상태보다 훨씬 더 진리와 가까워졌을 것이다. 엄밀한 의미에서 일은 수고와 괴로움이 아니었고, 사람은 오히려 일로부터 자유롭고 싶었을 것이다. 대신에 하나님께서 인간에게 즐거움과 독립심을 주기 위해 일할 수 있도록 허락하셨다. 그리고 그것은 이마에 땀방울을 흘리면서 아무리 비싼 대가를 치르더라도 살 수 없는 것들이었다. 왜냐하면 땀방울을 흘리든 말든 그것은 결정적인 것이 아니었으니까. 댄서dancer도 땀을 흘린다. 그러나 춤을 추는 것이 일, 수고 그리고 괴로움이라고 일컫지 않는다. 이것은 일하는 것이 무엇을 의미하는지에 대한 경건한 이해일 뿐이다. 그때 그는 이마에 땀방울을 흘리는 것을 불평할 리 없다."

그와 관련하여 아이와 부모에 대하여 생각해 보라. 작은 꼬마 루드비그Ludvig는 매일 유모차를 탄다. 거기에는 일반적으로 한 시간 정도 지속적인 즐거움이 있다. 이 작은 꼬마 루드비그는 그것이 즐거움이라는 것을 잘 이해하고 있다.

그러나 엄마에게 루드비그가 확실히 훨씬 더 즐거워할 수 있는 새로운 생각이 스쳤다. 그 애가 스스로 유모차를 밀고 싶어 할까? 그래, 그 애는 할 수 있어. 뭐라고! 그 애가 할 수 있다고? 그래, 이모, 보세요. 이 작은 꼬마 루드비그가 스스로 유모차를 밀 수 있다고요!

자, 우리가 현실로 돌아와서 이 아이를 속상하게 하지 말자. 우리는 이 작은 꼬마 루드비그가 유모차를 밀 수 없다는 것을 잘 알고 있다. 실제로 유모차를 밀고 있는 것은 그 아이의 엄마이다. 그리고 이 작은 꼬마 루드비그가 스스로 유모차를 밀고 있는 놀이를 하고 있을 때, 그것은 엄마가 아이를 즐겁게 해준다는 것이다. 그 꼬마는 헉헉거린다. 게다가 꼬마는 땀까지 흘리고 있다.

그렇지 않은가? 확실히 그는 땀을 흘린다! 땀이 꼬마의 이마에 맺힌다. 이마에 땀을 흘리며 아이는 유모차를 밀고 있다. 아이의 얼굴은 행복하게 빛이 나고 있다. 사람은 아이가 행복에 취했다고 말할 수도 있다. 가능하다면, 이모가 "우와, 여길 봐! 이 작은 꼬마 루드비그가 혼자 유모차를 밀고 있어."라고 말할 때마다 훨씬 더욱 행복에 취하게 된다.

이것은 비할 데 없는 즐거움이었다. 땀을 흘린다고? 아니, 아이가 혼자 유모차를 밀 수 있다는 것. 그것은 일할 수 있다는 것과 동일하다. 적당하게 이해할 때, 경건한 방식으로 이해할 때, 그것은 순수한 즐거움이요, 하나님께서 인간을 즐겁게 하기 위해 생각해 놓은 것이다. 그것은 하나님께서 홀로 자신에게 말했던 것이다.

"이것은 계속해서 유모차를 미는 것보다 훨씬 더 그들을 즐겁게 해 줄 것이다."

어디에서나 한결같이 이것은 결정적인 사상idea이다. 그것이 당신의 기쁨을 위한 것이라면, 당신의 즐거움을 위한 것이라면, 그때 당신은 땀을 흘리는 것에 대하여 불평하지 않는다.

경건한 이해, 일하시는 분은 하나님

자, 당신의 일을 기쁨이 되도록 하라. 그것을 당신을 즐겁게 하기 위해 하나님께서 생각해 놓으신 것으로 이해하라. 아, 그분의 사랑을 슬프게 하지 말라. 그분은 그것이 정말로 당신을 행복하게 할 것이라고 생각했다! 이것이 일이 무엇을 의미하는지에 대한 경건한 이해이다.

그러나 우리가 새를 통해 배운 것은 훨씬 더 고차원적이고 경건한 이해이다. 한 번 더 말하자면, 정말로 일하고 계신 분은 하나님이다. 인간이 심고 거둘 때, 심고 거두시는 분은 하나님이다. 이 작은 꼬마 루드비그에 대해 생각해 보라! 그는 지금 성인이 되어버렸다.

그러므로 진짜 상황을 더 잘 이해한다. 유모차를 밀었던 분은 어머니였다는 것도 이해한다. 이리하여 그는 어린 시절 기억을 통해 다른 기쁨을 얻는다. 아기를 즐겁게 하기 위해 그와 같은 것을 생각할 수 있었던 어머니의 사랑을 기억함으로써 기쁨을 얻는다.

그러나 지금 그는 어른이다. 지금 그는 실제로 혼자 유모차를 밀 수 있다. 지금 그는 자신이 실제로 혼자 할 수 있다고 생각하는 유혹을 받게 된다. 더 고차원적인 의미에서, 그가 어린 시절을 회상함으로써, 지금 그가 얼마나 어린 시절과 같은 상황인지를 기억할 때까지, 어른이 일을 할 때 정말로 다른 누군가가 있다는 것을 기억할 때까지, 그런 유혹을 받게 된다. 일을 하고 계신 분은 하나님이시다.

그러므로 당신은 그가 소극적이고 게으르게 될 것이고 "자, 일하고 계신 분이 정말로 하나님이라면, 나는 면제되는 것이 최선이 아닌가?"라고 말할 것이라고 생각하는가? 그렇다면 이 사람은 멍청이다. 수치를 모르는 건달이라는 것은 말할 것도 없다. 하나님은 그에게서 어떤 기쁨도 찾을 수 없다. 그 자신도 역시 새에게서 어떤 기쁨도 찾을 수 없다. 그는 우리 주님이 그에게 문을 보여주게 하는 것 외에 아무런 가치도 없다. 그때 그는 자신이 어떻게 될 것인지 볼 수 있다.

그러나 훌륭하고 정직하고 하나님을 두려워하는 일꾼, 그는 훨씬 더욱 근면하게 된다. 그래서 그는 더욱 더 하나님이 협력자라는 것을 이해하게 될 것이다. 얼마나 은혜로운 농담Spøg인가. 얼마나 진지한가. 그가 하나님의 형상대로 창조되었을지라도, 머리를 들고 하늘을 향하여 새Fugl를 본다. 이 익살꾼jester, Spøgefugl에게서 그는 씨를 뿌리고 추수하고 창고에 모아들이는 분이 하나님이라는 진지함을 배운다.

그는 나태에 빠지지 않는다. 그는 즉각적으로 자신의 일을 시작하고 그 일을 돌본다. 그렇게 하지 않았다면, 심고 거두고 창고에 모아들인 분이 하나님이라는 것을 보지 못하게 되었을 것이다.

당신, 들의 백합이여, 당신, 공중의 새여! 우리가 얼마나 당신에게 빚을 지고 있는가. 가장 최고의 축복된 시간의 일부이다. 복음이 당신을 모범과 교사로 임명했을 때, 율법은 폐지되었고 농담이 하나님의 나라에서 그 자리를 맡게 되었다. 이리하여 우리는 더 이상 엄격한 규율 아래 있지 않고(갈 3:25) 복음 아래 있게 된다.

"들의 백합을 생각하라. 공중의 새를 보라!"

그때 그리스도를 따르는følge efter이 전체 문제, 본받음Efterfølgelse의 문제, 이것은 농담인가? 그는 "나를 보라"고 말한 것이 아니라 "백합을 생각하라. 새를 보라!"고 말함으로써 우리를 도왔다. 그는 자신을 가리키지 않았다. 우리는 그것을 했기 때문에 비난받을 수 없다. 우리는 기꺼이 너무 쉽게 눈치 챘을 뿐이다.

육신flesh and blood을 아끼는 데에 관한 한 우리 모두는 현명하기에 그런 모범들을 갖는 데 있어 우리에게 무엇이 승인되었는지 너무나 잘 이해했다. 우리는 모범을 변장시키는 데에 있어 결코 지치지 않게 되었다. 어떤 비밀의 공포로 "그리스도를 본받음the imitation of Christ"이라는 진지함을 생각해 본다.

아니, 우리가 모범을 그런 식으로 갖게 되도록 용납될 수 없다. 그것은 근본적으로 복음을 너무 쉽게 우아한 시poetry가 되어버리게 한다. 그리스도의 본받음이 막으려 했던 것이다.

새와 백합은 확실히 진리와 함께 오직 한 주인을 섬긴다고 말할 수 있다. 그러나 이것은 아직 은유적인 것뿐이며 여기에 본받아야 하는 사람의 의무가 시적인 표현이다. 새와 백합을 교사로 생각할 때, 가장 엄밀한 의미에서 권위가 없는 것처럼 말이다. 게다가, 사람이 모범으로서 새와 백합과 함께 위에서 제시된 것과 같이 살아 갈 수만 있다면, 그래서 그가 모든 것에서 하나님의 생각을 생각할 수만 있다면, 이것이 진정한 경건이다. 이것은 확실히 여태껏 사람들 중에서는 한 번도 본 적이 없는 완전히 순수한 경건이다.

그러나 엄밀한 의미에서 이것은 아직 기독교가 아니다. 이것은 정말로 유대교적인 경건이다. 기독교에서 결정적인 것은 여기에 결코 나타나지 않았다. 즉, 하나님만을 따르기 때문에 고난당하는 것, 혹은 교리를 위해 고난당하는 것, 우리는 이것을 "진정한 그리스도의 본받음"이라고 부른다.

슬프다! 이 기독교의 본질은 기독교 세계에서 완전히 망각되어 버린 것처럼 보인다. 누군가 기독교를 대충으로라도 제시한다면, 기독교가 잔인함이요, 그가 생각해냈던 인간의 고문이라는 것을 상상하기에 그리 멀지 않다. 그런 정도로 말씀 때문에 혹은 교리 때문에 고난 당하는 것은 기독교와 손을 잡고 함께 걸어간다. 그런 정도로, 누군가 기독교를 대충이라도 제시한다면, 정말로 그는 즉각적으로 인간적인 냉대를 자초하게 될 것이다.

이미 언급한 대로, 신약성경이 이미 수백만 부가 유통되고 있어도, 모든 사람들이 신약성경을 소유하고 있다는 것이 사실일지라도, 모든 사람들이 침례 받고, 그 사실을 확인하고, 그를 그리스도인이라고 불렀어도, 천 명의 목사가 축복된 주일마다 설교를 한다고 해도, 그럼에도, 사람들은 다음과 같이 주장하기에 그리 멀지 않을 것이다.

"그건 그가 스스로 만든 발명이라고. 그는 신약성경으로부터 거기에 명확한 것, 명확한 말씀에 있는 것을 단순히 끌어냈을 뿐이라고."

그렇지만 각 세대를 거치면서, 우리 인간은 가장 무식하고 용감하게 그것을 생략해 왔다. 또한 우리가 기독교라는 이름 아래에 간직하고 있었던 것이 순수하고, 건전하고, 완전한 교리가 결코 아니라는 것조차 인정하지 않는다.

본받음, 그리스도를 본받음, 이것은 정말 인류가 회피한 지점이다. 중요한 어려움은 바로 여기에 있다. 기독교를 받아들일 것인지 아닌지를 결정해야 하는 지점이 바로 여기이다. 이 지점을 강조한다면, 강조가 더욱 강할수록 그리스도인들은 더욱 적어진다. 이 지점에서 어떤 축소가 있다면, 그래서 기독교가 어떤 지적인 교리가 되어버린다

면, 더 많은 사람들이 기독교로 들어온다. 기독교가 완전히 폐지된다
면, 그래서 기독교가 실존적으로 신화와 시가처럼 쉬워진다면, 그리
고 본받음이 터무니없는 과장으로 다루어진다면, 그때 기독교는 기독
교 세계와 이 세상을 거의 구분할 수 없을 만큼 퍼져나가게 된다. 혹
은 모든 사람이 그리스도인이 될 만큼 퍼져나가게 된다. 기독교는 완
전히 승리했다. 즉, 기독교는 폐지되었다.

오, 그래도 때에 맞게 이런 각성이 있었다. 그때 기독교 세계의 상
황은 지금과는 달랐을 것이다. 그러나 인간의 완고함은 본받음에 대
한 어떤 소리도 듣기 싫어하면서 점점 더 위협적이었기에, 돈에 미친
자hirelings와 인간의 노예들, 혹은 아주 나약한 신앙인들이 말씀을 선
포하는 일을 맡았기 때문에, 기독교 세계의 역사는 각 세대를 거치면
서 그리스도인이 되기 위한 값을 착실하게 축소시켜 왔던 이야기를
담고 있다.

마침내 기독교는 터무니없이 낮은 값어치가 되어 버렸기에, 곧바
로 사람들은 기독교와는 거의 아무런 관계가 없기를 바라는 정반대
의 결과를 낳은 것이다. 이러한 잘못된 관대함leniency으로 인해 기독교
는 더욱 병들었고 역겨워져 아주 구역질나게 되었다.

그리스도인이 된다는 것, 사람이 문자 그대로 그의 직업에서 도둑
이 되는 것은 문자 그대로 도둑질을 그의 직업이 되게 하지만 않는다
면, 일 년에 한 번 성찬에 참여하거나 일 년에 몇 번 교회에 가거나 적
어도 확실히 새해 첫날에 교회에 가는 진지한 그리스도인과 잘 결합

될 수도 있으니까.

그리스도인이 된다는 것, 사람이 간통하면서 과도하지 않는다면, 혹은 그는 중도를 버리면서까지 그것을 과도하게 실행하지 않는다면, 예의바름! 즉, 비밀리에 좋은 취향과 문화를 즐기면서 그리스도인이 된다는 것은 그가 코미디와 소설을 열네 번씩 읽을 때마다 적어도 한 번 정도는 설교를 듣는 진지한 그리스도인과 결합될 수도 있으니까.

이 세상에 완전히 순응하고 있는 자를 방해하는 무언가 있을 수 있다는 것, 이 세상에서 가장 큰 세상적인 이익과 쾌락을 얻기 위해 모든 현명한 방법을 사용하는 자를 방해하는 무언가 있을 수 있다는 것, 이런 것들이 진지한 그리스도인이 되는 것과 잘 결합될 수 있다고 생각하는 자를 방해하는 무언가 있을 수 있다는 것, 누군가 그와 같은 어떤 것을 감히 우리에게 제안한다면, 그것을 감히 실행하고 싶어 하는 누군가 이 어리석음의 극치를 제안한다면, 그것은 정말로 터무니없는 과장이다.[59] 신약성경에서 말한 것, 혹은 거기에서 말하고 있는 것을 반성해 본 사람이 단 한 사람도 없었으니까. 이것이 될 수 있으면 싼 값에cheap edition, wohlfeil 그리스도인이 되는 방식이다.

그러나 이것이 실제적인 우리의 상황이다. 설교자가 주일에 조용

---

59 *Pap.* X⁶ B 15:2. 최종본에서 삭제된 것: 이것은 염가판(wohlfeil, cheap edition)이다. 신문에서 염가판을 팔러다니는 사람들 중에서 누구도 하나님의 비용부담으로 기독교의 선포자들에 의해 제공된 낮은 가격만큼 그렇게 낮게 제공된 적이 없었다. 결국, 사람들은 계속 그리스도인이 되기를 바라게 된다. 그렇지 않다면 선포자의 삶과 위치는 무시될 것이다.

하게 한 시간 동안 고상한 미덕과 같은 것들에 대하여 열변을 토할 때, 사람들은 그런 선포를 설교자의 공식적인 직업과 그의 생계라고 설명하고, 많은 성직자의 삶이 확실히 그런 실제적 상황과 다르지 않으므로, 그런 설교자의 열변이 월요일에 실제 상황을 바꾸지 못한다. 이것이 입과 팔로는 아무 쓸데없는 모든 것을 설교하는 설교자의 실제적 실존이다.

또한 기독교를 높은 값에 유지했던 사람들이 있었다. 그 값은 은혜의 관대함leniency 아래에서 종종 하나님에 대하여 생각하고 아버지의 손으로부터 내려오는 모든 선한 것을 기대하고 삶의 필요 가운데 그분으로부터 내려오는 위로를 구하는 그런 종류의 조용한 경건보다 결코 더 높지 않다.

교리 때문에 고난당하는 것, 그리스도를 본받음, 이것은 완전히 폐지되어 버렸다. 아주, 아주 오래 전에 잊혀졌다. 설교 이야기에서는 본받음에 대하여 말하는 것을 완전히 피할 수 없었기에(어떤 설교자들은 본받음이 실행될 수 있는 방법을 알고 있었을지라도), 본받음은 정말 결정적인 부분이 숨겨졌고 다른 무엇인가로 대체되어 실행되었다. 즉, 사람은 삶의 역경을 인내로 견뎌야 한다와 같은 것들.

본받음은 폐지되었다. 국교가 되어 버린 기독교 세계christendom가 웃음소리 너머로 들을 수만 있다면, 교리 때문에 고난당하는 것이 진정한 그리스도인이 되기 위한 한 부분이라는 것, 이것이 신약성서의 가르침이라는 것, 그리고 신약성서를 따라 사는 것이 모든 그리스도인들에 대한 가르침이라는 것을 들을 수만 있다면, 확실히 완전하게 놀라버렸을 텐데. 교리 때문에 고난당하는 것, 그 정도로 오직 한 주인만을 섬기는 것, 그리스도인이 되었기 때문에 고난당할 정도로 모범을 본받는 것!

교리 때문에 고난당하는 것, "아니야, 나는 지금 생각하고 있어." 기독교 세계는 의심스럽게 말한다.

"나는 지금 그 사람은 정말로 정신 나갔다고 생각해. 교리 때문에 고난당해야만 하는 것을 요구하는 것, 그 정도로 기독교에 중독되는 것, 그것은 게임에 중독되고, 술에 중독되고, 매춘에 중독되는 것보다 훨씬 더 나쁘다. 설교자들이 선포한 것은 그대로 내버려 두자. 다시 말해, 기독교는 부드러운 위로이다. 일종의 영원을 위한 보험이지. 그래, 바로 그거야. 그러면 우리는 기꺼이 설교자에게 돈을 줄 수도 있고, 아마도 설교자의 월급은 교리 때문에 고난당할 것이라고 지금까지 우리에게 말한 것만큼이나 충분히 크지. 그것이 선포되도록 비용을 지불해야 하는 것, 우리가 교리 때문에 고난을 당해야만 한다는 것, 그 사람은 완전히 미친 거야."

그러나 죄는 그에게 있지 않다. "완전한 광기"란, 기독교를 선포할 때, 그들이 세속적이고 지상적인 사고방식mentality을 기쁘게 할 수 없다는 것을 생략했고 숨겼다는 데 있다. 이리하여 그들이 이런 모든 세속성worldliness이, 이것이 기독교라고 생각하도록 유도했다.

오, 그들이, 그리스도를 본받음, 이 지점을 끈질기게 고수했더라면!

그들이 과거의 오류를 통해 배우고 정말로 이 지점을 고수했더라면! 이것은 발생하지 않았다. 그러므로 이것은 실천되어야 한다. 본받음은 모범이신 그리스도에 대한 대답이며, 기독교 세계에 어떤 의미가 있어야 한다면, 다시 한 번 본받음이 소개되어야 한다. 그러나 내가 암시했듯이, 우리가 과거의 오류로부터 무엇인가를 배웠다는 것을 보여주는 방식으로 그리 되어야 한다.

본받음을 소개하지 않는다면, 의심을 정복한다는 것은 불가능하다. 그러므로 기독교 세계의 상황은 의심이 믿음을 대체했다는 것이다. 그들은 이성으로 의심을 체포하기 원했다. 이런 과정에서 의심은 아직 체포되지 않았고, 그들은 아직도 그 방향으로 움직이고 있다. 그들은 아직도 그것이 노력의 낭비라는 것을 배우지 못했다.

그것은 의심에 먹이를 주는 것이며, 의심이 계속 유지될 수 있도록 의심에 근거를 제공하는 것이다. 그들은 본받음이 경찰이 폭도들을 해산시키는 것처럼 의심의 폭도들을 해산시키고, 그 지역을 깨끗이 청소하고 의심을 굴복키실 수 있는 유일한 힘이라는 것을 깨닫지 못했다. 본받는 자가 되기를 원하지 않는다면, 차라리 집으로 돌아가서 입다물고 있는 편이 낫다.

본받음은 모범이신 그리스도에 대한 대답인 바, 본받음은 진행되어야 하고, 확정되어야 하고, 우리의 관심으로 불러들여야 한다.

우리가 처음부터 이 문제를 시험해 보자. 그러나 간결하게 하자. 세계의 구주, 우리 주 예수 그리스도는 어떤 교리를 가져오기 위해 세상에 오지 않았다. 그는 결코 강의하지 않았다. 그가 어떤 교리를 가져 온 것이 아니기 때문에 그는 이성을 도구로 사람들을 설득시켜 교리를 수용하도록 노력하지 않았다. 뿐만 아니라 그는 어떤 증거들로 그것에 신뢰를 주려 노력하지도 않았다.

그의 가르침은 그의 삶이며, 사람들 사이에서 그의 현존이었다. 누군가 그의 제자가 되기를 원한다면, 복음서에서 보는 것처럼 그의 접근 방법은 강의하는 것과는 상당히 다르다. 그런 사람에게 그는 이와 같이 말했다.

"결정적 행동을 감행하라. 그러면 우리는 시작할 수 있다."

그것은 무엇을 의미할까? 그것은 기독교에 대하여 무엇인가를 듣는다고 해서 그리스도인이 될 수 없음을 의미한다. 그것은 기독교에 대하여 무엇을 읽는다고 해서 그리스도인이 될 수 없음을 의미한다.

그것은 기독교에 대하여 무엇을 생각한다고 해서 그리스도인이 될 수 없음을 의미한다. 혹은 그리스도가 사는 동안, 잠시라도 그를 봄으로써나 하루 종일 그를 응시하고 따라다녀도 그리스도인이 될 수 없음을 의미한다.

그렇다. 요구되는 것은 곤경 상황, Besteldelse이다.[60] "결정적 행동decisive action을 감행하라." 증거는 선행하는 것이 아니라 따라온다. 증거는 그

---

60 사전에서 찾을 수 없는 말이다. 이 말은 상황을 의미하는 것처럼 보이며, 앞에서 지적한 "결정적 행동"을 의미한다. 여기에서 "결정적 행동"은 복음서에서 그리스도께서 제자가 되기를 요청할 때, 그 응답에 대한 주석으로 보면 될 것이다.(역주)

리스도를 따르는 본받음 안에 있고 본받음과 함께 있다. 즉, 당신이 결정적 행동을 감행할 때, 당신은 이 세상의 삶과는 이질적으로 되어 버린다. 당신은 이 세상에서 당신의 삶을 영위할 수 없고 이 세상과 충돌할 수밖에 없다. 그때 당신은 점점 더 그런 긴장 상태에 빠지게 될 것이고 내가[61] 말한 것이 무엇인지 깨닫게 될 것이다.

긴장은 당신이 나[62]에게 의지하지 않고서는 그것을 견딜 수 없다는 것을 이해할 수 있도록 당신에게 영향을 줄 것이다. 그때 우리는 시작할 수 있다. 사람은 "진리"로부터 다른 무엇을 기대할 수 있겠는가? 진리는 선생을 필요로 하는 학생이라는 것, "의사를 필요로 하는 병든 사람이라는 것"(막 2:17, 눅 5:32)을 표현하지 말아야 하는가? 후대에 "환자를 필요로 하는 의사"이고 학생을 필요로 하는 자가 선생이라고 기독교를 선포할 때, 진리는 이 관계를 뒤짚는 것은 안 된다고 말해야 한다.

그럼에도 기독교는 존경받는 대중은 무턱대고 사재기 하면 안 된다고 요구하는 다른 영업사원들처럼, 도움받고 치료받고 교육받고 있는 다른 사람에게 추천서, 증빙자료, 이유와 같은 것들로 대중에게 봉사해 왔다. 그러나 거룩한 진리여! 진리가 다르게 행동한다는 것이 거룩한 배타성이라고 일컫기 때문이 아니다. 오, 아니다. 이와 관련해서, 세상의 구주는 자신을 기꺼이 낮추신다. 그러나 이것 말고는 아무것

---

61 그리스도.(역주)
62 이 역시 그리스도를 의미할 것이다.(역주)

도 할 수 없다. 우리는 이때 기독교가 세상에 어떻게 점진적으로 퍼져 나갔는지 고민하지 말아야 한다. 우리는 동시대의 기독교 세계의 상황에 결정적인 특별한 지점으로 서둘러 가야 한다.

루터가 바꾼 오류

우리는 잠시 중세 시대에 멈춘다. 그 시대의 오류가 아무리 커도 기독교에 대한 그 시대의 개념은 우리 시대의 것보다는 결정적인 장점이 있다. 중세 시대는 행위, 삶, 개인의 실존적 변화의 관점에서 기독교를 상상했다. 이것이 공로merit이다. 그들이 생각했던 어떤 행위들이 이상했다는 것은 다른 문제이다.

그 시대에는 금식 자체가 기독교라고 생각했다. 수도원에 들어가는 것, 가난한 사람들에게 모든 재물을 나누어 주는 것이 기독교의 행위였다. 우리가 웃지 않고서는 언급할 수 없는 것들 즉, 자해하는 것, 무릎으로 기는 것, 한 다리로 서는 것. 이런 것들이 진정한 본받음으로 되어 있었다. 이것은 오류였다.

누군가 잘못된 길에 접어들어 그 길로 진군하는 것처럼, 그는 진리로부터 점점 더 멀리, 오류로 점점 더 깊이 빠지게 되고, 점점 더 악화되는 것처럼, 여기에서도 마찬가지이다. 처음 오류보다 더 악화된 것이 나오는 데에 실패하지 않는다. 그들은 공적meritoriousness을 생각해낸

것이다. 그들은 하나님 앞에서 그들의 선한 행위로 공로를 얻을 수 있다고 생각했다. 상황은 이것보다 더 악화되었다. 그들은 심지어 자신들의 행위로 자신들도 혜택을 볼 뿐만 아니라, 자본가나 보증인처럼, 다른 사람에게도 혜택을 줄 수 있다고 생각할 정도로 공로를 얻었다고 생각했다. 그리고 그것은 더 악화되었다.

그것은 철저한 장사가 되었다. 소위 이런 선한 행위들 중에 어떤 것도 생산한 적이 없었다고 생각한 사람들은 고정되었지만 보통 가격으로 선한 행위를 팔고 있는 장사꾼처럼, 장사에 참여하여 거기에서 거래하고 있는 완전히 잡다한 종합assortment을 얻을 수 있었다.

그때 루터Luther가 나타난다. 그는 이 상태를 영적 무감각spiritual apathy이라고 선포한다. 그것은 두려운 영적 무감각이다. 그렇지 않다면 선한 행위로 구원을 얻을 수 있다고 생각한 당신은 이것이 건방짐presumptuousness에 이르는 확실한 길, 결과적으로 구원의 상실에 이르는 길이라는 것을 틀림없이 알았어야 한다. 혹은 이것은 절망에 이르는 확실한 길, 결과적으로 구원의 상실에 이르는 길이라는 것을 알았어야 한다.

선한 행위를 쌓기 원하는 것, 당신이 그것들을 더 많이 실천할수록, 자신에 대하여 더욱 엄격해지게 되고, 단지 당신 안에 염려를 더욱 발전시키게 되고, 새로운 염려를 발전시키게 된다. 이 길에서 사람이 완전히 정신이 결핍되지 않았다면, 이 길에서 그는 자신의 영혼을 위한 평화와 안식의 정반대에 이를 뿐이다. 아니, 그는 불안과 다툼에 이르게 된다.

그러나 사람은 오직 믿음으로만 의롭게 된다. 그러므로 하나님의 이름으로, 교황과 모든 그의 조력자들의 조력자들이 어찌 되든 말든, 그리고 수도원과 더불어 당신의 모든 금식, 자해scourging, 그리고 본받음의 이름으로 사용되었던 모든 원숭이 같은 장난들이 지옥을 가든 말든 아무 상관이 없다.

그러나 우리가 잊지 말자. 그러므로 루터가 본받음(그리스도를 따름)을 폐지한 것은 아니었다. 또한 방자한 감정적 의견pampered sentimentality을 가진 집단coterie이 우리가 루터에 대하여 생각했으면 하는 것처럼, 그가 자발적 본받음을 제거한 것도 아니다. 그는 진리의 증인이 되는 방향으로 본받음을 적용했다. 그는 거기에서 충분히 자신을 위험에 노출시켰다(아직 이것이 공로라고 착각하지는 않았다).

루터를 공격한 자는 교황이 아니었고, 오히려 교황을 공격한 것이 루터였다. 루터는 죽음에 이르지 않았어도, 그럼에도 그의 삶은 인간적으로 말해, 희생된 삶이었고 진리의 증인이 되기 위해 희생된 삶이었다.

오늘날 기독교 세계는 적어도 내가 말하고 있는 루터를 지지한다. 루터가 이 부분에 대하여 감사할 수 있는지, 그의 삶의 진정한 변화를 진리로 만들었던 루터가 사라지자마자, 루터가 만든 변화는 너무 쉽게 잘못된 길이 되어버리는 것은 아닌지, 이런 질문들은 다른 문제이다. 어쨌든 누군가 동시대의 상황에서 어떤 의심스러운 측면이 있는지 보기 원한다면, 확실히 루터에게 돌아가서 루터가 만든 변화를 보는 것이 최선일 것이다.

루터가 바꾼 오류는 행위와 관련된 과장exaggeration이었다. 그리고 그는 완전히 옳았다. 그는 실수하지 않았다. 사람은 유일하게 오직 믿음으로만 의롭게 된다. 이것은 그가 말했고 가르쳤던 방법이다. 그는 믿었다. 이것이 은혜를 망령되이 일컫지 않는다는 것. 그의 삶은 바로 이것을 증거했다. 훌륭하다!

그러나 이미 다음 세대는 게을러지기 시작했다. 그들은 공포에 질려 행위와 관련된 과장을 돌보지 않았다(루터는 과장 속에 살았다). 맞다. 그들은 루터의 열정을 교리로 바꾸어 버렸다. 그런 식으로 그들은 믿음의 치명적 능력을 약화시켰다. 그때 그것은 각 세대를 거치면서 더욱 약화되었다. 행위, 하나님은 그것에 대해 더 이상 어떤 질문도 없다는 것을 알고 계신다. 이 후대 시대를 행위와 관련하여 과장으로 고발하는 것은 수치였을 텐데. 또한 사람들은 주제넘게 행위로부터 자신을 면제시키기 위해 공로를 주장할 만큼 멍청하지도 않았다. 그러나 믿음, 나는 이 믿음이 이 땅에서 발견될 수 있는지 그것이 궁금하다.(눅 18:8)

그리스도인이 되었는지 물을 수 있는 상황에 이르기 위한 조건으로서 그리스도께서 요구하셨던 것은 결정적 행동이었다. 그러나 그것이 더 이상 필요하지 않게 되었다. 어떤 사람의 삶은 본질적으로 세속주의와 이 세상과 동일하다. 그래서 그는 기독교에 대하여 거의 듣지도 않고 거의 읽지도 않고 기독교에 대하여 거의 생각하지도 않는다.

그는 잠시 동안 종교적인 기분을 느낄 뿐이다. 그때 그는 믿는 자이고 그리스도인이다. 정말로 그는 미리 그렇게 그리스도인이 되었다. 그는 아주 이상하게도 태어나면서부터 그리스도인이다. 더욱 이상한 것은, 그가 루터교인으로 태어난다. 그것은 믿는 자와 그리스도인이 되는 명백하게 의심스러운 방식이다.

그것은 루터의 방법과는 조금도 닮지 않았다. 공포에 떨며, 영혼에 안식도 찾지 못하고, 혹은 이 공부로부터 안식을 찾지도 못한 채, 수도원에서 몇 년 동안 자신을 고문해야 했던 것, 마침내 신앙의 축복된 출구를 찾았던 것, 그러니까 이 수많은 시험받은 사람이 행위에 반대하는 것이 아니라, 행위 위에 자신의 구원을 쌓는 것을 반대하며 아주 강력하게 증인된 삶을 산 것은 의심의 여지가 없다. 잘못 들은 것은 오직 교활한 세상뿐이었다.

그러나 그들이 그리스도인이 될 것인지 말 것인지 결정할 수 있는 곤경(상황)을 발생시킬 수 있는 결정적 행동에 의해 그리스도인이 되는 개념을 제거했기 때문에, 그들은 적어도 대단한 무엇인가를 하기 위해, 기독교에 대한 생각을 대체시켰다. 그렇게 함으로써 믿음보다도 훨씬 더 앞서 가기 위해 이 길을 따라 가다보면 그리스도인이 될 것이고 생각했다.[63] 그들은 믿음으로 멈출 수 없었다. 루터가 했던 대

---

63 헤겔과 헤겔파 신학자들은 믿음의 단순한 소여(data)를 철학자와 교수가 초월해야만 하는 실재의 불충분한 판단으로 간주했다. 키에르케고어는 항상 믿음을 초월한 이러한 전진에 항거한다.

로 하지 않았고, 행위와 관련하여 과장으로부터 믿음에 이르지 않았기 때문이다. 그러나 그들은 "자연적으로" 모든 사람이 갖고 있는 믿음으로 시작했다.

교수, 신약성서에서
언급된 바 없다

중세 시대의 기독교가 금욕적인 수도원적monastic-ascetic 기독교라고 일컬을 수 있다면, 오늘날의 기독교는 교수다운 학문적professorial-scholarly 기독교라고 일컬을 수 있을 것이다.

물론, 모든 사람이 교수일 수는 없다. 그러나 모든 사람이 일종의 교수 같고 학자 같은 기운을 띤다. 시작부터 모든 사람이 순교자가 된 것이 아닌 것처럼, 그러나 모든 사람이 순교자와 관련되어 있었다. 중세 시대에 모든 사람이 수도원에 들어간 것이 아닌 것처럼, 그러나 모든 사람이 수도원과 관련되어 있었고, 수도원에 들어간 자들 중에서 진정한 그리스도인을 보았다.

오늘날 우리 시대에도 모든 사람들이 교수와 관련되어 있다. 그 교수는 진정한 그리스도인이다. 그리고 그 교수와 함께 과학적 학문이 생겨났다. 학문과 함께 의심도 생겨났다. 그리고 학문과 의심과 함께 학문적 대중도 생겨났다. 그때 찬반양론으로Pro und Contra 나누는 이성이 생겨났다. 사람들은 찬반양론으로 흔들리기 시작했다. "왜냐하면 찬반양론denn pro und contra은 이 경우, 자신이 많은 말을 할 수 있기 때문이다."

교수! "이 사람은 신약성서에서 언급된 바가 없다. 신약성서를 통해 먼저 알 수 있는 것은 기독교가 교수 없이 세상에 들어왔다는 것이다. 기독교에 대한 어떤 안목을 갖고 있는 사람은 "교수"만큼 기독교를 세상으로부터 밀반입할 만한 자격을 부여받은 사람은 아무도 없다는 것을 보게 된 것이다. 왜냐하면 교수는 기독교의 전체 관점을 이동시켰기 때문이다.

그러므로 이것이 본받음이 소개되어야 하는 이유이다. ⁶⁵객관적 가

---

64 *Pap*. X⁶ B 16.

65 *Pap*. X⁶ B 17(본문 각주도 참조). 다음과 같다: "모범이신 그리스도"에 대해서. 아마도 이 각주는 삽입되지 말아야 한다. 다음이 적혀 있는 구절: 객관적 가르침, 교리로서 기독교는 교수와 부합한다. [삭제된 것: 구절: 교수! 신약성서에서 이 인물에 대하여는 아무 것도 언급되지 않았다. -이후로 다음과 같이 나온다: 교수, 부교수, 기독교를 단순히 수학, 천문학, 지리학 등과 같은 과학으로 인수하는 것과 관련하여]
   • 각주. 더 나은 시대에는 확실히 어느 지점까지는 어떤 기독교적 학문성이 있었다. 그러나 그런 학문성에 몰입되어 있었던 개인(예외)은(아마도 왜냐하면 그는 기독교를 학적이고 과학적인 것과 관련시키는 데에 어려움을 느꼈기 때문에, 얼마나 가까운 우회로가 있고 얼마나 최대의 가능한 대항세력(counterbalance)이 필요한지 느꼈기 때문이다) 기독교적 정직성이 있었다(그에게 그가 그리스도인이라는 것은 결정적이었고, 그에게서 결정적인 것은 그리스도인이라는 사실을 표현하는 정직성). 그에게는 수도자(a ascetic)로 살면서, 기독교는 진실로 수학처럼 사람됨(personality)에 무관심한 과학과는 완전히, 본질적으로 다른 무엇이라는 차이(constrast)를 그의 삶으로 훨씬 더욱 명확히 표현할 만한 정직성이 있었다. 그리고 세상과 동일하게 되어 세상적으로 성공한 부교수들이 기독교를 객관적 과학으로 강의할 때, 그 기독교는 최고의 것이 아니었다. 그러나 교수! 신약성서에서 그 인물에 대한 아무 것도 언급되지 않는다. 혹은 점점 더 학문적으로 될 때, 그리스도인이 되기 위한 결정, 혹은 "장담(assurance)"과는 다른 방식으로 그리스도인이 되기 위한 결정은 연기 된다. 왜냐하면 과학적 학문의 결과를 계속적으로 기대하며 기다리고 있으니까.

르침, 교리로서 기독교는 교수와 부합한다.[66] 기독교에 대한 이런 개념
은, 의심의 도움으로 혹은 이성의 도움으로, 의심의 간계에 빠져 승리
의 놀이를 하고 결정을 바꾼다. 기독교가 그토록 결정적으로 강조했
던 결정을 하루에서, 일주일, 한 달, 일 년, 평생까지 연기하게 된다. "교
수"가 최고 수준에 서 있고 기독교가 한때 자신을 수도원에서 이해했
듯이 교수에게서 자신을 이해할 때, 기독교 세계의 상황은 이것이다.
기독교는 존재하지 않는다. 이 사건은 재판 중이다adhuc sub judice lis est.[67]
기독교의 본질과 관련하여, 혹은 기독교가 무엇인지와 관련하여, 결
론을 기다려야 한다.

믿음은 존재하지 않는다. 기껏해야 믿음은 사라져 버린 것으로서
기독교를 기억하는 것과 미래의 것으로서 기다리는 것 사이에 흔들
리고 있는 듯하다. 본받음은 어떤 불가능성이다. 모든 것이 중지인 상
태에 있는 한, 사람은 결정적인 어떤 것도 시작할 수 없기 때문이다.

사람의 실존은 물 흐르는 대로 떠돈다. 그는 삶을 가능한 한 자신

---

66 더 나은 시대에는 확실히 어느 지점까지는 어떤 기독교적 학문성이 있었다. 그러나 그런 학문성에 몰입
    되어 있었던 개인(예외)은 기독교적 정직성이 있었다(그에게 그가 그리스도인이라는 것은 결정적이었
    고, 그에게서 결정적인 것은 그리스도인이라는 사실을 표현하는 정직성). 그에게는 수도자(a ascetic)로
    살면서, 기독교는 진실로 수학처럼 사람됨(personality)에 무관심한 과학과는 완전히, 본질적으로 다른 무
    엇이라는 차이(constrast)를 그의 삶으로 훨씬 더욱 명확히 표현할만한 정직성이 있었다. 그리고 세상과
    동일하게 되어 세상적으로 성공한 부교수들이 기독교를 객관적 과학으로 강의할 때, 그 기독교는 최고의
    것이 되지 못했다. 혹은 점점 더 학문적으로 될 때, 그리스도인이 되기 위한 결정, 혹은 "장담(assurance)"
    과는 다른 방식으로 그리스도인이 되기 위한 결정은 연기 된다. 왜냐하면 과학적 학문의 결과를 계속적
    으로 기대하며 기다리고 있으니까.

67 Horace, *Ars Poetica*, 78; Opera, p. 669; H*orace Satire, Epistles, and Ars Poetica*, tr. H. Rushton Fairclough (Loeb,
    Cambridge: Harvard University Press, 1978), pp. 456-57.

을 위해 아늑하게 만들기 위해 자연적인 자기 사랑self-love를 이용한다. "교수"는 어떤 것도 고정할 수가 없다.[68] 그가 할 수 있는 것은 모든 것을 중지시키는 것이다. 가끔 교수는 완전히 신뢰할 만한 무엇인가를 제기하는 것처럼 보인다. 그렇지만 이것은 착각이고 그것은 그의 행실demeanor과 장담assurance 때문이다.

조금 더 면밀히 살펴보면, 그의 가장 견고한 지점은 여전히 과학적이고 학문적인 의심의 영역에 있고, 결과적으로 중단된 상태in abeyance에 있다. 오직 본받음만이 끝에 매듭을 지을 수 있다.[69] 그러나 보이지 않는 손이 "당신은 저울에 달렸고 부족함이 발견되었다"[70]는 글씨를 벽에 썼을 때 왕의 얼굴이 창백해진 것처럼, 교수의 얼굴도 본받음 앞에서 창백해진다. 이것은 또한 다음을 표현한다.

"당신은 당신의 모든 객관적 학문성, 당신의 책folio과 체계의 무게를 저울에 달아 부족함이 발견되었다."

얼마나 놀라운가! 왜냐하면 기독교적인 의미에서, 저울에 가장 적은 양이라고 무게를 재고 있는 것이 명확히 객관적 학문이기 때문이다. "수도원"이 탈선deviation일 때 믿음은 소개되어야 한다. "교수"가

---

68 키에르케고어는 여기에서 그가 종종 사용하고 있는 비유를 생각했던 것처럼 보인다. 즉, 바느질 할 때, 실의 끝은 매듭으로 고정되어야 한다. 결국 그는 이 비유를 비극적인 생각에 연관지었다. 실의 끝을 고정시킬 수 있는 유일한 방법은 사람이 진리의 증인으로 죽는 것이다.

69 앞에서 말한 키에르케고어의 강력한 비유. Søren Kierkegaard, *Sickness unto Death*, tr. Howard V. Hong and Edna H. Hong (Princeton: Princeton University Press, 1980), p. 93, *KW* XIX (*SV* XI 204), 각주 30.

70 벨사살 왕 (단 5:25-28).

탈선일 때 본받음은 소개되어야 한다.

본받음은 우리의 관심을 불러일으켜야 한다. 그러나 이미 주목했듯이 과거의 오류로부터 무엇인가를 배우는 방식이어야 한다.

본받음을 소개하기 위한 가장 관대한 방법은 가능성의 형식으로 있는 것이다. 혹은 우리가 말했듯이 변증법적으로 있는 것이다. 그것은 의심이 침묵할 수 있도록 우리들의 삶에 작은 정의가 지켜질 수 있도록 압력을 행사하는 방식이어야 한다. 이리하여 이것은 상당히 단순하게 작용한다(내가 이전의 책에서 암시했듯이[71]). 그의 삶에 본받음의 흔적을 지닌 자만이 의심을 향해 진군할 수 있다. 혹은 결정적인 행동으로 적어도 그리스도인이 될 수 있는지에 대한 질문을 할 수 있는 데까지 간 사람이다. 다른 모든 사람들은 입을 다물고 있어야 한다. 그는 기독교에 대하여 말하는 데에 참여할 만한 권리도 없고 반대할 권리도 없다.

이것은 본받음이 소개될 수 있는 가장 관대한 방법이다. 따돌림을 당하는 것은 "교수"뿐이다. 거절당하는 것은 과학적 학문에 대한 중요성뿐이다. 자신을 적합하게 기독교와 관련시키고 있는 나머지 모든 사람들은 부드럽게 다루어진다. 그가 뒤에 너무 멀리 있다면, 그가 그리스도를 본받는 자라고 일컫기에 너무 먼 곳에 있다면, 그는 부드럽게 다루어진다.

---

71 Søren Kierkegaard, *For Self-Examination/ Judge For Yourself*, pp. 68-70.

어떤 사람도 두려워하며 힘에 부치도록 모험하는 지점까지 압력을 받지 않는다. (이것은 적어도 사라진 시대의 오류로부터 배운 수업이 되어야 한다.) 은혜 아래에서 사람은 자유롭고 담대한 확신으로 숨을 쉰다.

나는 더 이상 어떤 것도 제안하지 않는다. 누군가 가장 엄밀한 의미에서 본받는 자가 되기를 원한다면, 그것이 진실하다면, 나는 확실히 그를 위한 자리를 마련할 것이며 그를 존경할 것이다. 그러나 기독교 세계의 지금 상황으로 볼 때, 내가 다른 사람보다 더 나은 것이 없을 때, 나의 제안이 이미 이점을 얻었다고 생각한다.

나 자신에 관해서 말하자면, 이런 높은 요구조건에 대한 불안이 있다. 더 엄밀한 의미에서, 교리 때문에 고난당하는 것, 본받는 자가 되는 것. 그렇지만 나는 이것이 기독교의 요구조건이라는 것을 숨기지 않는다.

나에게는 어떤 불안이 있다. 공적meritoriousness은 그것과 함께 너무 쉽게 되돌아오기 때문이다. 이것이 모든 것들 중에서 가장 두려워하는 것이다. 사람은 자신의 삶을 가능하면 아늑하고 즐겁게 만들었고 결코 최소한의 방법으로도 어떤 것을 희생하거나 획득한 것을 포기할 생각을 한 적이 없을 때, 공로를 피하기는 아주 쉽다.

어떤 사람이 진지하게 어떤 것을 아주 많이 희생한다면, 그때 그의 보상이 되었던 매일의 고난 속에서, 인간적으로 말해, 보상으로 받은 쓴 잔을 마셔야만 할 때, 아, 나약한 자기 망각의 순간에, 그가 하나님 앞에 공로가 있다는 것을 생각하기에 너무 쉬울 수 있다.

그는 왕의 현존 앞에 자기 망각의 순간에 있는 신하처럼(비유적으로 말해서 그렇다. 그러나 외형으로만 아주 약하게 내가 의미하는 것을 표현할 뿐이다), 자신을 망각하고 자신의 칼에 손을 올려놓는다. 아, 인간적인 방식으로 이것은 이해하기에 너무 쉽다. 놀랍다!

나는 (그가 그것을 이런 식으로 말했든 말든) 완전히 루터에 동의한다. 어떤 사람이 셀 수 없을 정도로, 만약 이것이 가능하다면, 평생동안 매일 셀 수 없을 정도로 많이, 가장 끔찍한 모든 범죄를 저질렀다면, 그래도 여전히 그에게 하나님께 말할 수 있는 단 하나의 위로가 있다.

"하나님이여, 나는 죄인입니다. 나에게 자비를 베푸소서."

그때 그는 평생 동안 가장 큰 자기부인을 하면서 진리를 위해 모든 것을 희생해야만 했고, 단 한 순간에 오류를 범하여 하나님 앞에서 공로를 생각했던 사람과 비교할 때, 말로 형언할 수 없을 만큼 행복하다고 여길 수 있다. 모든 것을 희생하고, 모든 고난을 당하는 보험을 감행하는 것, 그때 하나님을 향해 건방진 자가 됨으로써 그것이 가장 끔찍한 괴로움으로 변하는 것. 그가 자신에게 초래하는 얼마나 끔찍한 저주인가.

이것이 나의 관점이다. 나는 루터가 일종의 우울증에서 벗어날 수 없다고 생각한 때가 있었다. 그럼에도 나는 완전히 그에게 동의한다. 그러므로 나는 의심을 침묵하도록 억누를 수 있고, 그 의심을 겸손의 방향으로 억누를 수 있는 성가신 가능성 이상으로 감히 본받음을 주장하지 않는다. 나는 이것이 관대함이라고 인정한다.

나는 비밀리에 기독교를 부드럽게 할 만한 어떤 의도도 갖고 있지 않다. 가능한 모든 엄숙함으로 내가 이것을 하고 있다는 것을 알리려 한다. 나의 관대한 개념에 의하면, 기독교는 용납될 수 없게 부드럽게 되어 버렸다. 내가 비난하지 않는 이것, 그것은 가능한 한 비밀리에 실천되어 왔다. 사람들은 혼자 말했다.

"누구도 눈치 채지 못하게 하자."

나는 이것을 도저히 참을 수 없다. 이때 나는 누구를 두려워해야 하는가? 하나님? 그것은 무슨 소용이 있는가? 내가 그것을 비밀리에 할지라도 그분은 그럼에도 그것을 보신다. 아마도 그분이 나를 용서하지 않는 것은 명확히 내가 그것을 비밀로 지키기 원한다는 것이다.

그리스도와 본받음

본받음은 겸손을 향하여 압력을 행사하기 위해 소개되어야 한다. 이런 식으로 단순하게 실천되어야 하는 것이다. 누구나 모범prototype에 의해, 이상ideal에 의해 측정되어야 한다. 우리는 "그것은 사도들에게만 말했던 거야.", "그것은 제자들을 위해서만, 첫 번째 그리스도인들을 위해서만 계획된 거라고."와 같이 허튼 소리는 제거해야 한다.

그리스도는 그때보다 더욱 지금 존경하는 자를 원치 않는다. 허튼 소리 하는 사람은 말할 것도 없다. 그분은 오직 제자들만 원한다. 제자는 표준이다. 모범인 그리스도와 본받음은 소개되어야 한다. 내가 낙제를 받든 간신히 통과하든, 그것은 내가 겸손하게 참을 수 있는 것이다. 나와 모든 사람들이 이상에 의해 측정되어야 하며, 이상에 의하여 내가 어디에 있는지 결정될 것이다. 그 모범은 우리를 위한 것이 아니라고 말하면서, 우리 인간이 이상적 요구조건을 폐지하는 일이 허용되지 않도록 해야 한다. 그때 어떤 평범성을 찾고 거기에서 시작하는 것, 그리고 그것을 표준으로 삼고 거기에서 뛰어나게 되는 것, 그 표준은 우리들에게 맞게 전환되기 때문이다.

그렇게 되어서는 안 된다. 그렇게 되지 않도록 하나님을 찬미하라. 자신의 높은 존엄을 팔아 버리기 원하는 것은 비극이요, 불쌍한 근시안shortsightedness이기 때문이다. 다른 사람들과 비교하여 평범한 공상적 마음의 평안을 얻기 위해, 자신을 보통 급제생passman으로서 이상과 관련시키는 것은 장자권을 팥죽 한 그릇에 팔아먹은 에서 같은 근시안이다.(창 25:29-34)

내가 무엇을 의미하는지 그림으로 그려 보자. 학교를 상상해 보라. 우리가 상상할 수 있듯이 거기에는 같은 나이의 학생들 100명으로 구성된 학급이 있었다. 그들은 같은 것을 배워야 했고, 같은 표준이 있었다. 70등 이하는 상당히 낮은 등급에 속하게 된다. 이제 70등 이하에서 빠져나온 30명의 학생들이 자기들 스스로 학급을 형성하도록 허락해 달라는 생각을 갖고 있다면 그때는 어떻게 될까? 그렇다면 70 등은 그 학급에서 1등이 된다. 그래, 맞다. 그것은 향상일 것이다. 그런 식으로 설명할 수도 있을 것이다.

그러나 그것보다 훨씬 더 낮게 침몰 중에 있는 나의 개념에 의하면, 그것은 경멸을 받을 만큼 잘못된 자기 만족에 침몰 중에 있다. 진정한 표준에 의하면, 70등을 기꺼이 견디는 것은 훨씬 높기 때문이다. 그것은 실제 삶에서도 마찬가지이다. 부르주아적 속물 근성bourgeois-philistinism, Spirdsborgerlighed이란 무엇인가? 무엇이 영적 무감각spiritual apathy인가? 그것은 이상을 제거함으로써 표준을 바꾸는 것이다. 여기 이 장소에서 살아가는 인간들의 상태에 맞추어 표준을 바꾸어 왔던 것이다. 유럽 전체가 부르주아적 속물 근성일 수 있다. 작은 외딴 소도시 시장은 그렇게 될 수 없다. 모든 것은 진정한 표준이 사용되고 있는지에 달려 있다. 그러나 감각적 행복sensate well-being은 이상적인 표준의 친구가 아니다.

보라, 기독교 세계에 퇴보가 있었던 이유는 본받음이 폐지되었기 때문이고, 하늘에 대한 바벨 폭동의 반대 방향으로(창 11:4-9), 즉 바벨 폭동을 억누르기 위해 그것을 사용하지 않았기 때문이다. 왜냐하면 바벨 폭동(아무리 거절해도 이것을 더욱 좋아하는)은 상승uprising으로 하늘에 폭풍을 일으키기 위한 시도이기 때문이다. 또 다른 이유는 실족함으로써 자기자신을 하늘과 이상으로부터 단절시키려는 우쭐대고 자만한 시도였기 때문이다.

기독교 도시를 상상해 보자. 기독교적으로 말하자면, 표준은 제자이고 본받는 사이다. 그러나 그 장소에서 표준 아래 확실히 서 있는 자는 아무도 없다. 그렇지만 옌센Jensen 목사를 예를 들어 보자. 그는 재능이 있는 현명한 사람이다. 그에 대하여 말하는 것은 매우 유익하다. 그래서 그를 1등으로 만들고, 우리가 그에 따라 적응해 보자. 그것은 상식적인 일이다. 사람은 여전히 세상에서 대단한 인물이 될 수 있기 때문이다.

"그래, 그러나 이상적인 표준에 따르면, 옌센 목사도(앞의 내용을 망각하지 말라) 그 학급에서는 70등일 뿐이다."

그 이상을 폭파시켜라! 우리가 그 이상을 가져가야 한다면, 누구도 살고 싶지 않을 것이다. 옌센의 관점은 무엇일까? 그의 관점은(우리가 그는 70등이 아니라는 것을 인정함으로써) 그가 적당히 표준과 모델Mynster[72]로서 봉사할 수 있다는 것이다. 이런 과장된 요구조건은 환상이라는 것이다.

그래서 그들은 그 도시에서 기독교 게임을 하고 있다. 사교적인 사람, 옌센 목사는 이런 사교적인 게임을 위해 창조된 것처럼, 게임에서 진정한 그리스도인이 되었고, 심지어 사도가 되었다. 그는 신문에서 사도로 칭찬을 받는다. 훌륭하다! 그는 사도의 자격으로 삶의 모든 쾌적한 오락들로 압도되었다. 사도의 자격으로? 그는 그것에 감사하는

---

72   덴마크어 Mønster는 모범, 모델이라는 의미이다. 여기서는 주교 Mynster를 암시하는 것처럼 보인다.

방법.또한 잘 안다.

보라, 자칭 기독교self-styled christianity에 순응하면서 정말로 기독교를 폐지하고 있는 것이 부르주아적 속물 근성이다. 기독교의 요구조건이 무엇인지는 고정되어 있지 않다. 그것은 관계를 맺으며 살고 있는 사람들에 달려 있다. 본보기 대신에 실제로 존재하는 것은 다음과 같다. 다른 모든 사람들처럼 존재하는 것, 조금씩 더 나아지는 것이 탁월함greatness이다.

그러나 그리스도인이 되는 것이 아주 싸구려일 때, 그때 목적 상실 aimlessness 이 오고, 의심이 들어오고, 진정한 진리는 증거가 된다. 그때 기독교의 목적이 무엇인지는 이해할 수 없게 된다. 그것은 완전히 사실이다. 요구조건이 더 크지 않다면, 구원자, 화해자, 은혜 등은 환상적인 사치가 되고, 사람이 기독교를 버리지 않고 자신의 표현양식대로 계속 움직이는 한, 아이가 아버지의 옷을 입고 있는 것처럼 우스꽝스럽게 되기 때문이다.

기독교가 전제하고 있는 것, 말하자면, 회개하는 양심의 고통, 은혜의 필요, 깊이 느끼는 궁핍, 이 모든 끔찍한 내적 싸움과 고난들. 은혜, 구원, 영원한 행복의 소망, 양심의 평안을 소개하고 적용하기 위해 기독교가 전제하고 있는 것, 이 모든 것은 발견되지 말아야 한다. 혹은 익살맞고 권위가 떨어진 형태로만 발견되어야 한다.

그럼에도 은혜, 구원, 화해에 대한 이야기는 계속된다. 그것은 근본적으로는 순전한 과잉이다. 그러므로 기껏해야 그것이 필요하다는 상

상에 불과하다. 결국 사람들은 기독교가 따분하고 지루해진다. 그것
은 이상, 모범인 그리스도, 본받음의 압력이 부족하기 때문이다.

교리 때문에 고난당하는 것, 교리 때문에 기꺼이 고난당하려는 것,
이것은 우연히 발생하는 것이 아니다. 이런 종류의 기독교는 한물간
것이 되어 버렸다. 다음에 나타난 기독교는 어떤 경우에도 교리 때문
에 당하는 이런 결정적 고난에 대해 어떤 질문도 없으며, 다음에 나오
는 어떤 것도 찾을 수 없다. 기독교가 전제하고 있는 심리적 상태로,
질병에 대하여 말하는 것처럼, 증상들에 의해 인식될 수 있는 어떤 기
독교, 양심의 고통스러운 충돌에 대한 특유의 증상들, 두려움과 떨림,
그리고 이런 것과 더불어 기독교로부터 받은 충격, 본질적으로 기독
교적인 것의 깊고 위험한 충돌, 본질적으로 기독교적인 것이 유대인
에게는 실족이고, 그리스도인에게는 어리석음인 우려. 이런 종류의
기독교는 거의 발견되지 않거나 우리 시대에 아주 드물게 발견된다.

어쨌든 여기에 교리 때문에 당해야만 하는 고난에 대한 어떤 질문
도 없다. 그것은 거의 발견되지 않는다. 정신이 그런 심리적 조건을
특징지을 수 있는 내면성을 획득하는 것을 막기 위해 우리 삶의 모든
방식이 계산될 때, 그것은 어떻게 발견될 수 있을까?

우리 시대에 이것은 진리이다. 이것은 우리 시대 기독교를 나타낸
다. 우리 시대에 영혼의 질병을 고치는 사람은 의사이다. 사람들은 심
지어 목사를 부르는 데에 대한 이유 없는 불안이 있다. 어쨌든 우리
시대에 목사는 의사처럼 어떤 것을 말하곤 한다. 그래서 사람들은 의

사를 부른다. 그는 또한 해결책을 알고 있다.

"당신은 건강을 위해 온천욕을 해야만 합니다. 당신은 지속적으로 말을 타야 합니다. 왜냐하면 당신은 병적 환상으로부터 벗어날 수 있기 때문입니다. 그때 기분전환, 기분전환, 많은 기분전환이 있지요. 매일 밤 힘차게 엘암브레L'hombre 게임[73]을 하십시오. 그러나 잠자기 전에 너무 많이 먹지 마십시오. 마지막으로 반드시 침대에서 신선한 공기를 마십시오. 그것은 물론 많은 도움이 될 것입니다."

"괴로운 양심anguished conscience을 위해서요?"

"오, 그런 어리석은 소리는 그만 하세요! 괴로운 양심, 그런 것은 더 이상 존재하지도 않습니다. 그런 것은 경주에 대한 어린 시절의 추억담이지요. 계몽되었거나 교양 있는 어떤 성직자도 그와 같은 것은 생각하지도 않습니다. 다시 말해, 주일 예배 밖에서 그것은 다른 문제입니다. 아니, 괴로운 양심의 이 사업을 결코 시작하지 맙시다. 그러면 우리는 곧 전체 집을 정신병원으로 바꾸어야 할 것입니다. 내가 다른 점에서 집안의 종이 있었다면, 그와 작별하기를 싫어하고 그를 많이 그리워하고 있다면, 내가 그나 그녀가 괴로운 양심으로 사로잡혀 있는 것을 알아차렸다면, 이것은 무조건적인 해고입니다. 나의 집에서 내가 가장 참기 힘든 것입니다. 이 사람이 나의 아이였어도, 그는 이사를 가야 할 것입니다."

73　스페인에서 기원한 카드 게임. 문자적으로 "남자"를 의미.

"그러나 의사 선생님, '괴로운 양심'에 대한 끔찍한 염려가 있습니다(당신은 존재하지 않는다고 말한 것). 어떤 사람들은 괴로운 양심을 제거하기 원하는 것은 복수하는 것과 다름이 없다고 생각하기도 합니다. 그리고 이 염려는 정말로 복수와 같습니다!"

다음에 나타난 기독교에서 어떤 경우라도 교리 때문에 당하는 고난에 대한 질문은 없었다. 그리고 드물게 다음과 같은 것들이 발견된다. 삶의 더 조용한 즐거움, 시민의 미덕을 준수하기, 또한 이따금 하나님에 대하여 생각하기, 그분에 대한 생각이 조금은 포함되어 있기는 하나 본질적으로 기독교적인 것과의 충돌에 대한 충격만큼이나 깊은 것은 결코 아니다.

여기에는 본질적으로 기독교적인 것이 내 안에서는 유대인에 실족이고 내 안에서 그리스도인에게는 어리석음이라는 것을 정말로 알아차릴 수 없다. 어떤 경우에도 교리 때문에 당하는 고난에 대한 어떤 질문도 없다. 일반적인 기독교는 다음과 같다. 철저히 세속화된 삶, 양심을 위해서라기보다는 현명함을 위해서 중요한 범죄를 피하기, 기발하게 삶의 쾌락을 구하기, 그때 가끔 소위 경건한 기분을 구하기. 약간의 복통과 구역질의 느낌이 콜레라cholera인 것 같은 맥락에서 이것은 기독교이다.

"그러나 어떤 사람들은 그것을 콜레라라고 부를 수 있습니다."

맞다. 어떤 사람들은 그렇게 할 수도 있다. 특별해지기 위한다면, 덴마크 콜레라라고 부르라. 혹은 아주 더 특별하게 코펜하겐Copenhagen

콜레라라고 부르라. 혹은 여전히 더욱 특별하게 크리스챤샤븐Christian-shavn[74] 콜레라라고 부르라. 이런 식으로 기독교를 부를 수도 있다. 다시 말해, 여기 언덕 위에 있는 우리는 동의한다.[75] 혹은 단 하나의 길에서 동의한다. 이것이 기독교라고. 그래서 그것은 기독교이다. 그때 사람들이 기독교에 대한 존경과 그 맛을 잃어 버렸을 때, 무슨 놀라움이 있을까.

기독교는 오류로 너무 가혹해질 수 있기에 인간의 본성은 기독교를 던져버리기 위해 혹은 쫓아내기 위해 반기를 들어야 한다. 그러나 기독교는 너무 관대하거나 너무 달콤한 맛이 나기에, 식욕을 돋우기 위해서나 사람들에게 기독교에 대한 맛을 선사하기 위해 수많은 입증과 이유들을 들이대는 모든 시도는 다 소용이 없고, 결국 모든 것은 기독교에 대한 혐오로 끝나고 만다. 아니, 음식에는 소금이 있어야 한다. 그리고 신약성서는 정말로 소금을 돌보고 있다. 복음의 좋은 소식이란 품위를 입증과 이유들을 수단으로 사람들의 손에 맡기지 않는다는 것이다. 엄마가 몸에 좋은 음식을 먹이기 위해 아이를 앉혀 놓고 간청하지만 그는 콧방귀를 뀌며 먹기 싫어할 때처럼, 복음은 그런 식으로 품위가 떨어지지 않는다. 맞다. 식욕은 다른 방식으로 생겨야 한

---

74 코펜하겐 인근의 Amager섬에 속한 작은 도시.

75 Ludvig Holberg, *Erasmus Montanus eller Rasmus Berg*, III, 3, *Den Danske Skue-Plads*, I-VII (Copenhagen: 1788; ASKB 1566-67), V. 페이지 표기 없음. *Comedies by Holberg*, tr. Oscar James Campbell, Jr., and Frederic Schenck (New York: American-Scandinavian Foundation, 1935), p. 145; *Fragments*, p. 103, *KW* VII(*SV* IV 265), 각주 31.

다. 그때 복음의 좋은 소식은 확실히 구미가 당긴다는 것을 깨닫게 될
것이다.

교리 때문에 고난당하는 것. 그리스도인인 것과 그리스도인이 되는
것에서 무한히 모든 것을 변화시키는 것은 바로 이것이다. 무한히 짐
을 지우는 것도 바로 이것이다. 그리스도가 오늘날 목사가 선포하는
것과 같은 기독교를 선포했다면, 더욱 굳세어지고 더욱 견디기 위해
모든 것을 기꺼이 버린 정직한 사람들, 결심한 사람들, 제자들, 그들을
위한, 그들에 대한 그리스도의 걱정은 어떻게 설명할 수 있을까? 바로
여기에 엄밀한 의미에서 본받음의 문제가 있다.

그리스도는 이 사람들이 그리스도에게 속해 있다면, 인간적으로
말해서 할 수만 있다면 "모든 사람들 중에서 가장 불쌍한 사람"(고전
15:19)처럼 불행해지고 불쌍해져야 한다는 것을 알고 있었다. 이것뿐만
아니라 그는 그들에게 이것이 그들의 유익을 위해 선택된 조건이었
고 이런 식으로 고난당하는 것이 순전한 기쁨이고, 그들에게 보여준
하나님의 넘치는 특별한 은혜와 사랑이었다는 것을 요구해야만 한다
는 것을 알고 있었다.

얼마나 끔찍한가. 이것이 좋은 소식이 되어야 한다니. 이것이 위로
와 기쁨이 되어야 한다니. 인간적으로 말해서 내가 모든 사람들 중에
서 가장 불쌍한 사람에 되게 하는 것은 바로 이것이다. 그렇지만 이것
과 아무 상관이 없게 됨으로써 내가 쉽게 피할 수 있는 운명. 게다가
요구조건은 내가 인내로 이것을 견뎌야 할 뿐만 아니라 내가 이 안에

서 기쁨과 축복을 발견해야 한다는 것을 그는 알고 있었다.

이것은 마치 육체적인 고통을 견뎌야만 하는 운동선수가 비명을 지르지 말라고 자신에게 강요할 뿐만 아니라 자신과의 고통과 싸워 승리해야 함을 요구하고 있는 것과 같다. 그때 고통이란 다른 사람이 그를 볼 때, 그것이 마치 기쁨처럼 보인다는 것이다. 이것이 교묘한 사기가 아니라 그에게는 실제로 끔찍하다.[76] 이것은 그리스도께서 그의 제자들과 대화하는 중에 다음과 같이 반복했던 이유이다.

"나에게 실족하지 말라. 이것이 너희를 실족하지 않게 하라. 나를 보고 실족하지 않는 자는 복이 있다. 깨어 기도하라. 때가 이르매 너희가 실족하지 않도록 내가 말한 것을 기억하라. 오, 이것은 힘들고 좁은 길이다. 그래서 내가 너희를 직접적으로 도울 수가 없다. 오, 실족은 매 순간마다 가까이 있다. 실족의 가능성은 모든 발걸음마다 함께 한다! 너희는 인내가 고갈되는 지점에 이를 수 있다. 또한 믿음도 그렇다. 그래서 나에게 반기를 들 수 있다. 그때 실족하지 않는 자는 복이 있다! 그리고 너희가 인내로 모든 당하는 고난을 견딜지라도, 너희의 인내가 단지 침묵의 복종 뿐이라면, 그때 근본적으로 너희는 나에게 실족한 것이다. 나에게 실족하지 않는 자는 복이 있다!"

인간적인 상황을 상상해 보라. 그의 연인에게 사랑스러운 말을 하

---

76 덴마크어 본문의 어휘는 frygteligt. 독일인 번역가인 Emanuel Hirsch는 이를 frydeligt(즐거운)에 대한 번역의 오류로 간주한다. 최종본에는 frygteligt로 되어 있다.

고 있다.

"나의 사랑이여, 나는 당신에게 자유를 주고 싶습니다. 나는 절대적인 확신으로 당신에게 미리 이것을 말할 수 있습니다. 인간적으로 말해서 당신은 가능한 한 불행해질 것입니다."

연인의 대답을 상상해 보자.

"나는 모든 것을 견딜 거에요. 내가 당신과 헤어진다면, 오직 이것만이 나를 불행하게 하는 것이기 때문이지요."[77]

우리가 조금 더 진행시켜 보자. 그가 다음과 같이 대답했다는 것을 가정해 보자.

"그래요, 그러나 당신이 나와 함께 있는다면 나는 한 가지를 더 요구해야만 합니다. 나와 이런 식으로 불행해지는 것이 그럼에도 최대의 행복이라는 것을 계속 지탱할 수 있어야 합니다."

이 연인은 "뭐라고요? 이것은 미친 짓이에요"라고 말하면서 완벽하게 자신을 정당화지 않겠는가? 정말로 그렇다. 그녀가 그렇게 말하지 않는다면, 내가 그녀를 대신해서 말할 것이다.

"두 사람 사이의 관계에서 이와 같은 일이 발생한다면, 이것은 미친 짓입니다."

나는 단 하나의 소원을 가질 것이다. 그것은 죄인된 사람 편에서 이런 광기 혹은 이런 어리석음을 제거할 수 있는 허락이다. 오직 기도만

이 그리고 많은 금식만이 귀신들림obsessions을 몰아낼 수 있듯이, 오직 사람의 죄만이 광기를 초래하기 때문이다. 그러나 인간이 되신 하나 님the God-man과 사람 사이의 관계에서 그 관계는 이것과 다를 수 없다. 실족하지 않는 자는 복이 있다!

교리 때문에 고난당하는 것. "그러나 그것은 기독교가 완전한 승리를 거두었고 모든 사람이 그리스도인이 된 이 시대에는 고려할 가치가 없습니다." 나는 "당신에게 화가 있을진저! 당신, 위선자여!"라고 말하고 싶은 유혹을 받는다.

그러나 나는 그렇게 하지 말아야 한다. 대신에 다음과 같이 말해야 한다. "이봐, 자네, 당신은 스스로 말한 것을 믿지 않네. 당신은 그것이 비진리라는 것을 잘 알고 있어. 그리고 그런 이야기의 요점이 무엇인가?"

흰 지팡이를 입에 물고 있는 대중들 앞에서 자신이 그들에게 보이지 않을 것이라고 믿는 어떤 한 사람처럼, 당신도 그렇게 있기를 원하는 이유가 무엇인가? 아니, 이 순간에 교리 때문에 고난당하기 위한 요구조건은 처음처럼 동일하게 유효하고 적용가능하다.

이 문제는 아주 단순하다. 진정한 자기부인self-denial의 행동을 시작하려는 모든 사람은 그것 때문에 고난당하게 될 것이다. 이것이 그렇지 않다면, 진정한 자기부인은 불가능하게 된다. 외적인 방식에서 유익한 자기부인은 진정한 자기부인이 아니기 때문이다. 이것은 자기를 부인하기 원하는 보통 사람 이상으로 정직한 사람이 있다면, 그의 자기부인이 진정한 자기부인이 되도록 반드시 섭리Governance가 친절하게 주의해야 하는 이유이다. 반면, 잘못된 자기부인은 이것에 의해 나타난다. 그것은 처음에는 자기부인과 닮았다는 것, 그러나 그것은 어떤 외부적인 방법으로 유익한 것으로 판명이 났다는 것, 그래서 그것은 근본적으로 현명한 계산이었던 것이다.

진정한 자기부인

그러면 진정한 자기부인의 예를 들어보자. 루터Luther가 그 예이다. 그는 중세시대에 자기부인의 이름으로 '존경과 영광을 받았던' 그런 종류의 경건을 표현할 수 있도록 엄격하게 훈련받은 사람이다. 그러므로 '이것'은 진정한 자기부인이 아니다.

루터는 분명히 그런 종류의 자기부인을 비난했다. 그래서 그런 잘못된 자기부인을 증거하며 그의 자기부인에 대해 보상을 받기 위해 탁월한 목사가 되는 길을 선택했다고 가정해 보라. 이 경우, 그것은 전정한 자기부인이 아닐 것이다. 그는 시대가 자기부인이라고 간주했던 것에 불리하게 증거했다. 그는 그리하여 성공을 쌓을 수 있는 기회로부터 자신을 완전히 차단했다. 섭리는 이런 면에서 그를 도왔다. 그리고 여기에 진정한 자기부인이 있다.

발생한 일을 알아보기 위해 그런 행위가 우리 앞에 일어났다고 가정해 보라. 비진리에 대항하기 위해 어쩔 수 없이 진리를 증거할 수밖에 없는 보통 사람 이상으로 정직한 사람이 있다. 명확히 비진리가 진리로 간주되어 있었고, 그 비진리가 만연해 있었으니까. 그는 위험이 있다는 것을 잘 알고 있었으나 기꺼이 그 위험에 자신을 노출시키려 했다.

그는 자신을 제대로 이해하지 못했다. 그렇지만 그는 자신이 지적하기 원했던 것이 진리라는 확신을 하게 되었다. 아, 인간의 마음이여! 진리가 반드시 승리하고 진리 편에서 사람을 설득할 수 있으리라는 소리를 듣기만 한다면, 그는 부득이하게 그것을 믿을 만큼 확신하게 된다.

너무나 이상하게도 그는 모든 곳에서 반대와 마주친다. 예를 들어, 모세가 이집트 사람들뿐만 아니라 히브리 사람들에게서도 슬픔을 얻었던 것처럼, 그들을 위해 그는 모든 괴로움과 위험에 자신을 노출시켜야 했던 것처럼, 그는 모든 형태에서, 그가 진리를 기대했던 사람들뿐만 아니라 그들을 위해 그가 진리를 증거했던 사람들로부터 배은망덕ingratitude을 추수한다.

이제 이 사람은 불편하게 되었다. 그는 마음이 무거워졌다. 그래서 그는 일반적으로 도움을 구하던 습관이 있는 곳으로 가서 섭리께 의존한다. 그는 자신의 괴로움을 풀어 놓는다. 섭리는 무엇이라고 대답할까? 항상 부드럽고 온화하게 섭리는 대답한다.

"그러나 나의 작은 친구여, 그것은 그대가 원했던 것이다. 그대는 자기부인을 실천하고 싶었던 것이 맞지 않는가? 그대는 자기부인이 그런 식으로 작용했다는 것을 부인할 수 있는가? 지금 당장 그것을 실천할 기회가 그대 앞에 있다."

그때 그가 대답하는 것을 가정해 보자.

"맞습니다. 이해합니다. 나는 지금 그것을 이해하고 있습니다. 그러나 정직하게, 내가 시작하고 행동하기로 결심했을 때, 진리를 그런 식으로 이해하지 않았습니다. 나는 바다가 나에게 너무 거칠게 다가오는 것처럼 느낍니다."

섭리는 무엇이라고 대답할까? 항상 친절하고 부드럽게, 결코 잔인하지 않게 섭리는 말한다.

"그래, 그래, 나의 작은 친구여, 그대가 여기에서 자신을 겸손하게 낮추었고 이 작은 수업을 통해 겸손을 배웠을 때, 그때 우리는 다시 여기부터 그대를 도와야 한다."

그러나 또한 다른 일이 일어날 수 있다. 섭리가 싸우고 있는 자에게 이 모든 것이 이렇게 서로 협력하여 하나가 되는지 설명할 때, 명확히 이것이 어떻게 진정한 자기부인의 한 부분이 될 수 있는지를 설명할 때, 변화가 그 안에서 시작된다. 갑자기 이해하고 있는 아이처럼, 그녀가 사랑받지 못한 것으로 해석했던 것이 실제로는 사랑으로 검증되었다는 것을 갑자기 이해할 때, 그 소녀의 축복된 놀라움처럼, 그에게도 그런 놀라움이 있다.

여기에 진정한 자기부인의 한 예가 있다. 이것은 항상 사람이 실천한 선 때문에 고난당하는 것을 포함한다. 그것은 1,800년 전에도 사실인 것처럼, 또한 올해와 1,800년 후에도 사실이다. 그러므로 이 세상에서 진정한 자기부인의 과업을 시작하고자 하는 사람은 그것 때문에 고난당하게 될 것이다.

이것을 실행하지 않는 그리스도인은 어쨌든 간에 자신을 애지중지했던 것이고 현명하게 무엇인가를 회피해 왔던 것이다. 그때 그는 이것을 고백해야 한다. 나도 이것을 고백한다. 그것은 나 때문이고 나의 세속적 현명함 때문이라는 것을 고백한다. 게다가 의심스러운 사람들은 경찰서에 등록해야 하는 것처럼, 나 역시 진정으로 그리스도인인지 대한 이런 의심과 관련하여 섭리께 보고해야 한다. 섭리는 순전한 사랑과 은혜와 동정compassion이시므로, 확실히 나와의 관련성을 거부하는 분이 아니고 그 관계에서 내가 정직해지기를 요구하신다.

그리스도는 모범이고 본보기는 모범과 일치한다. 그리스도인이 되는 오직 하나의 진실한 길이 있다. 제자에게는 흔적들 중에 이것이 있다. 즉, 교리 때문에 고난당했거나, 교리 때문에 고난당하지 않았던 누구나 어쨌든 간에 세속적인 방식으로 자신을 애지중지 하기 위해 자신의 현명함을 이용함으로써 죄를 범해 왔다. 그러므로 자신을 감히 그리스도인이라고 부르지 말아야 한다는 것, 혹은 영원히 구원받지 못할 것이라는 것. 하지만 나의 생각과 거리가 멀다. 하나님은 결국 자신에게 되돌아올 만하다고 감히 말하는 것을 금하신다.

그러나 그는 인정해야 한다. 만약 그가 기독교를 선포하는 일을 해

왔던 사람들 중에 하나라면, 그는 이런 식으로 자신을 애지중지함으로써 기독교의 인상을 약화시켜 왔다는 것을 명심해야 한다. 기독교를 다른 사람들에게 더욱 인식하기 어렵게 하고, 기독교에 대한 관점을 혼란스럽게 만드는 데 공헌한 것이 되어 버렸다. 기독교는 축소됨으로써 많은 사람들을 얻을 수 있다고 생각했던 세속적 현명함과 인간적으로 징징거리려고whimpering 이 세상에 오지 않았다.

그것은 숫자에서는 진보이지만 진리에서는 퇴보이다. 아니, 무조건적인 것은(모든 사람들은 확실히 그것을 볼 수 있다) 축소scaling down의 도움으로 들어올 수 없다. 그것이 축소된다면, 그것은 무조건적인 것이 아니니까. 반대로, 축소를 통해서 무조건적인 것은 세상 밖으로 간다. 혹은 세상과 동일한 것이 되어 버린다. 그리하여 무조건적인 것은 조건적인 것과 통합되어 확장된다.

교리 때문에 고난당하는 것, 이것은 폐지되었다. 그러므로 어떤 사람도 다음과 같이 말함으로써 "기독교 세계"에서의 상황을 더 이상 진실하게 방어할 수 없다.

"당연히 많은 불완전성이 있습니다. 우리들 중에 나약한 자들도 있습니다. 그 많은 사람들의 기독교는 근사치approximation일 뿐이고, 심지어 기독교에 대한 최소한의 근사치일 뿐이며, 곡식들 중에 있는 많은 가라지일 뿐입니다."(마 13:25-26, 40)

그때 나는 그 사람speaker에게 다음과 같이 물어야만 하니까.

"그때 당신은 곡식이었는가?"

나는 그를 보지 않고도 감히 이것을 말할 수 있다.

"내가 진정한 기독교가 아닌 것처럼 그런 연사는 더욱 진정한 기독교가 아니다."

아마 누군가 말할 것이다.

"그는 열등less합니다."

나는 그렇게 말하지 않을 것이다. 그런 사소한 인간적인 다툼이 다 무슨 소용인가? 그러나 나는 "그는 더 이상 그리스도인이 아니다"라고 말할 것이다. 나는 완고하게 계속 그것을 주장할 것이다.

그러나 그런 식으로 말하는 것, 그리고 우리들 중에 많은 사람들이 있고 그 많은 사람들의 기독교가 근사치일 뿐이라고 말하는 것은 그런 연사와 "기독교 세계"의 기독교 전체가 진정한 기독교인 것처럼 혼란스럽다.

나는 이것을 부정한다. 아직 다른 사람들과 대조하여 나 자신이 진정한 그리스도인이라고 생각하는 것이 아니다. 그렇다. 나는 전에 "우리들 중에 보통에 속한다"[78]라고 말했던 것처럼 그렇게 있을 뿐이다. 그러므로 나의 저서에서 제시했던 것을 말한다.[79]

나의 기독교는 진정한 기독교가 아니다. 그것은 근사치이다. 아마도 그들의 기독교가 근사치인 입장에 놓여 있는 많은 사람들이 있다.

---

78 Søren Kierkegaard, *For Self-Examination/ Judge For Yourself*, p. 21.

79 Søren Kierkegaard, On My Work, in Point of View, *KW* XXII(*SV* XIII 505).

그렇지만 항상 조금이라도 이 "근사치"의 범주를 지켜보아야 한다. 그것이 기독교와 멀어진 자신의 기독교를 포함할 만큼 넓어지지 않도록 해야 한다. 도시로 가는 중에 사람이 누군가를 만날 때, 순간적으로 실수하여 도시에서 나오는 것인지 도시로 들어가는 것인지 알아차리지 못할 수 있다.

기독교를 교리로 해석함으로써, 기독교 세계의 상황은 완전한 혼란이 되어 버렸다. 기독교인이 된다는 것이 어떤 것인지에 대한 정의는 거의 구별 불가능하게 되었다. 그러므로 모범이신 그리스도는 전면으로 나와야 한다.

두려움을 자극하지 않도록 해야 한다. 아마 오늘날 누군가 기독교로 사람을 두렵게 하지 않아야 함을 걱정하는 것은 전적으로 불필요하다.

어쨌든 우리는 두려워하지 않도록 이전의 시대의 경험으로부터 배워야 한다. 아니, 모범은 적어도 기독교에 대한 어떤 존경을 확보하기 위해, 적어도 그리스도인이 된다는 것이 무엇을 의미하는 것인지 구별하기 위해, 기독교를 과학적 학문, 의심, 난센스. 즉 객관성의 영역에서부터 주관적인 영역으로 이동시키기 위해 전면에 나와야 한다.

세상의 구원자, 우리 주 예수 그리스도가 세상에 어떤 교리를 가져오신 것도 아니고, 결코 강의를 전달하러 온 것이 아니다. 다만 모범으로서 본받음을 요구했던 것만큼 확실하게 기독교는 주관적인 영역에 속한다. 아직도 여전히 화해에 의해, 가능하다면 그분은 사람의 영혼에서 모든 염려를 쫓아내신다.

교훈

이것이 사용되어야 한다면[80]

여기에 제시되었던 것이 높은 것처럼(나는 "제시되었던 것"이라고 말한다. 나는 계속적으로 어조를 낮추어 겸손히 고백했기 때문이다), 기독교적으로 기존 체제established order, 국교회에 항거하거나 그것을 개혁하는 데 어떤 진지함과 의미와 성격과 진리가 있어야 한다면, 어조 역시 높아야 한다. 우리 중에 누군가 여기에 제시된 역할로 감히 윤리적으로 한 걸음 내딛는 임무를 맡으려 한다면, 게다가 단독자로서 하나님과의 직접적인 관계를 호소한다면, 나는 즉시 의무 가운데 있어야 한다. 이 순간에 이런 식으로 나 자신을 이해한다.

그러나 다음 순간에 내가 그렇게 할 수 있는 조건을 빼앗길 수 있는지는 알 수 없다. 아마 내가 이것을 출판하고 있는 중에도 그럴 것이다.[81] 나는 과업으로서 하나님 앞에서 이해한 것을 즉시 수행해야 할 의

---

80   *Pap.* X⁶ B 30:1.

81   키에르케고어는 이 책을 출판하지 않았다. 아마도 늦게까지 그를 보류시킨 것은 어떤 순간에도 조건을 빼앗겼다는 생각이었다. 즉, 나이든 주교(Mynster)가 그의 요구를 인정할지도 모른다는 생각에서였다.

무가 있어야 한다. 나의 과업은 이것이다. 결코 그를 떠나지 않으면서, 한 걸음, 한 걸음, 제시된 역할 가운데 있는지, 비범한 자the extraodinary가 되어 있는지 보기 위해, 개혁가인 그를 한 걸음 한 걸음, 호위하는 것. 진실로 나는 홀로 감히 말한다. 그의 동시대 사람 중에 그는 비범한 사람 앞에 머리 숙여 인사하는 법을 알고 있는 어떤 사람도, 단 한 사람도 발견하지 못할 것이다.

나는 이것을 어떤 왕실에서 배우지 않았다. 아니, 나는 이상과 관계하면서 더 높은 곳에서 이것을 배웠다. 그곳에서 사람은 무한히 낮게 인사하는 법을 배울 뿐만 아니라 예식의 어떤 주인보다도 낮다는 것을 배운다. 그러나 그가 자신의 역할에서 벗어난다면, 그 순간 나는 그에게 덤벼들 것이다.

나는 감히 홀로 이것을 말한다. 이것이 나의 과업일 때, 혹은 누군가 부정하게 자신을 비범한 자로 일컬을 때, 이 세대에서 나보다 더 정확한 타격blow을 가한 사람은 아무도 없다. 내가 이상과 관계하면서 배웠던 이런 정확한 타격, 이 타격으로 사람은 깊이 겸손해져, 자신을 미워하는 법을 배운다.

그러나 그는 그럼에도 이상과 관계할 만한 용기가 있기에, 이 타격을 맞을 수 있는 능력을 은혜의 선물로 받는다.

그렇지만 "개혁가"의 과업을 수행하는 역할을 감당할 만한 사람이 이 세대에 아무도 없다면, 그때 국교회는 기독교가 단지 색바랜 근사치일 뿐이라는 진실을 고백하는 대신에, 엄밀한 의미에서 신약성서에

따른 진정한 기독교라고 주장한다. 그리하여 자기자신을 판단하고 자기자신을 파괴한다.[82]

그때 국교회는 세워져야 하고 유지되어야 한다. 개혁을 취미 삼아 하는 사람들dabbler은 가장 타락한 국교회보다 더 타락한다. 개혁은 가장 높은 것the highest이기 때문이고, 그러므로 취미활동으로 개혁하는 것은 모든 것 중에서 가장 타락한 형태이다.

국교회가 결점을 갖게 하자. 그들 중에 많은 사람들이 당신의 소원을 말하게 하자. 당신이 진정한 개혁자의 자격으로 기꺼이 한 걸음 내딛기 원치 않는다면, 그때 개혁에 대하여는 그 입을 다물고 있으라. 오, 모든 부족한 자격들 중에서 가장 끔찍한 자격이여! 즉, 부당하게 속임수로 개혁자처럼 보이기 원하는 것, 혹은 작은 당파심partisonship이나 투표 등과 같은 것들을 통해 개혁자가 되기를 원하는 것이다.

아니, 우리들 중에 그런 사람이 없다면, 그때 국교회를 계속 고수하자. 우리의 방법의 오류를 살피자. 피차간 우리가 기독교 안에서 얼마나 멀리 뒤쳐져 있는지 하나님 앞에 개인적으로 고백하자. 그러나 오, 하나님, 내가 부당하게 개혁하기를 원함으로써 일을 더욱 악화되지 않도록 나를 보호하소서.

그리하여 가능한 한 큰소리로 말해 보자.

---

82 *Pap*. X[6] B 30:2. 최종본에서 삭제된 것: …기독교를 위한 진정한 방어는 자신에 대한 심판으로 변한다. 그리고 훨씬 더욱 하찮은 인물이 비진리에 맞써 싸우는 자로 정당화된다…

가능하다면 방방곡곡에 이것이 들려지게 하소서.

하나님이여, 이것이 들려지는 곳마다

이것이 진지하게 고려될 수 있도록 하소서.

우리 시대의 악은 많은 결함을 갖고 있는 국교회가 아니다. 아니, 우리 시대의 악은 명확히 개혁을 위한 사악한 애호penchant이고, 개혁을 원하는 이런 장난 같은 경솔함flirting이다. 기꺼이 고난당하고 희생당하기 원치 않으면서 개혁하기 원하는 이런 위선, 고상한 개념, "개혁한다"는 생각이 얼마나 극도로 고상한 것인지는 말할 수도 없고, 개념조차 없으면서 개혁할 수 있기를 바라는 이런 경솔한 자만심, 교회를 개혁하기 원한다고 하면서 주의를 전환시키는데 분주함으로써 자신의 무능력에 대한 의식을 회피하려는 이런 위선, 그러나 우리 시대에 할 수 있는 아무것도 없다. 교회가 개혁이 필요했을 때, 의무 때문에 출두한 자가 아무도 없었고 모여든 군중도 없었다. 모두 도망쳤다. 개혁가인 고독한 오직 단 한 사람만이 두려움과 떨림으로 비밀리에 훈련을 받았다. 하나님의 이름으로 비범한 자가 되기 위해 모험하며 많은 영적 시험을 받았다.

이제 모든 사람이 개혁을 원함으로, 군중들의 무도장dance hall에 있었던 것처럼 대소동이 있었다. 이것은 하나님의 생각이 아니고 맵시있는 인간적 방책일 뿐이다. 이리하여 거기에 두려움과 떨림, 많은 영적 시험 대신, 환호성, 브라보, 박수갈채, 투표, 갈팡질팡하기bumbling, 왁자

지껄한 소리hubbub, 소음, 그리고 잘못된 경악이 있었던 이유이다.

1855년 3월

이 글은 나이든 주교[83]가 살아 있을 때부터 집필되어 있었다. 그러므로 이 글은 거리를 두고 있다(실제적인 개혁에 대한 질문으로부터). 당시 나와 국교회와의 관계를 염두에 두기도 했으며, 나이든 주교를 고려하면서 나와의 관계를 이해해 주기를 원했기 때문이다.

이제 훨씬 더 결정적으로 조금도 거리낌 없이 진심으로 말한다. 그렇지만 그렇다고 해서 내가 미리 쓴 것이 허위라는 것을 암시하는 것은 아니다.

---

83 주교 Jakob Peter Mynster.

INSIDE

뮌스터 주교와 키에르케고어와의 관계

_역자 정리

뮌스터적인 접근 – 나의 접근

대체로 뮌스터는 더 엄격한 의미에서 이 모든 국교회는 기독교적인 것이 아니라는 데에 나와 의견이 같다. 그는 이것을 고려할 때, 하나님께 개인적으로 인정했다. 그러나 그는 무엇보다 그런 것들이 사람들이 기독교를 수용하기 위해 압력을 받아야 하는 것들이라고 믿는다. 이것은 특별히 각 세대마다 사용될 때, 약삭빠른 것이고 극도로 의심스럽다. 왜냐하면 완전히 타락하고 있는 것이니까.

그리고 뮌스터가 한때 이해했던 것을 부분적으로 망각했던 것은 아닌지 궁금하다. 이제 자신을 신중함의 열매로 차려입음으로써, 그가 어떤 이들이 기독교를 수용하도록 했던 것인지, 정말로 이것이 기독교이고 더 엄격한 기독교는 광신이라는 것을 믿은 것인지 궁금하다.

나의 세안은 이렇다. 우리가 오히려 정직해지자. 엄밀히 말해서 이 모든 것은 기독교가 아니라고 인정하자. 이것은 적어도 진실하게 되는 것이고 더 앞으로 전하기 위한 조건이다. -JP VI 6776 (Pap. X⁴ A 367) n.d., 1851

뮌스터와 가능한 충돌

처음부터 나를 반대하여 뮌스터가 싸웠던 것은 (종종 오히려 통상적인 방법에서), 이 관점을 주장하는 데에 있었다. 나의 선포, 뮌스터적인 접근 방법은 진지함과 지혜이다. 그러나 키에르케고어적 선포는 이상하고 주목할 만하지만 이상한 과장이다.

나의 입장은 이렇다. 뮌스터가 한 것보다 기독교에 대한 더 신뢰할 만한 개념을 주장한다. 그러나 나는 뮌스터를 공격하고 그를 약화시키기를 바라는 것뿐이다. 아니, 정확히 정반대이다. 그의 편에서의 작은 인정, 그리고 모든 것은 그를 위해 가능한 한 유익이 될 것이다. 어떤 사람도 그 모든 것이 어떻게 잘 들어맞을 것인지 알지 못할 것이고, 내가 아주 깊이 그를 인정함으로써 항상 숨겼던 것을 알지 못할 것이다. 처음부터 나는 실제로 뮌스터에게는 외계인이었다(사실, 나는 첫 날에 그에게 말했다. 우리는 완전히 상충된다. 그는 직관적으로 나보다 더 잘 무엇인가를 인지했다).

나는 그에게 완전히 이질적인 진리와 사상에 대한 어떤 열정이 있다. 상황은 아직도 *Concluding Unscientific Postscript*(결말의 비학문적 후서)와 잘 맞다. 부분적으로는 결론에서 내가 아주 강하게 그를 강조했기 때문이고, 부분적으로는 요하네스 클리마쿠스Johnness Climacus가 유머작가이기 때문이기도 하다. 그리하여 뮌스터가 이것은 시적인 과장, 유머일 뿐이라고 주장하는 것, 그러나 자신의 접근이 신뢰성 있는 진지함과 지혜라고 주장하는 것은 더욱 쉽다. *Upbuiding Discoses in Various Spirits*(다양한 정신들에서 건덕적 강화)의 첫 부분은 그를 더욱 짜증나게 했다.

그러나 아마도 *Concluding Postscript*(결론의 후서)에 있는 후서의 평가에서 그의 판단은 이렇다. 이것은 탁월한 책이다. 특별히 마지막 두 부분. *Works of Love*(사랑의 역사)는 그를 분노하게 했다. *Christian Discourses*(기독교 강화)은 훨씬 더 하다. 그래서 그것은 증가한다. *Practice in Christianity*(그리스도교 훈련)은 그를 고통스럽게 괴롭혔다.

내가 뮌스터를 해코지하고 있는가? 아니, 아니, 나는 지나친 hypochondriacal 열정으로 그에게 애착이 있다. 그가 결코 미심쩍어 하지 않을 정도의 열정이다. 그러나 여기에 나에게 압력을 가하는 다른 무엇인가 있다. 나는 내가 주장했던 사상을 위해 싸움할 만한 여력이 없다. 그러므로 나는 서둘러야 한다. 내가 알기에 내가 완전히 이 사상에 몰입할 수 있기 위해 미래가 경제적으로 안정적이었다면, 나는 확실히 기회를 기다릴 것이고, 뮌스터가 자신의 삶을 살도록 할 것이다. 오, 그것은 그에게 칼을 겨누는 것만큼 깊이 고통스럽게 한다. 그러나 경제적 상황이 나를 서두르도록 강요한다. 내가 공식적인 입장을 수용할 때만이 뮌스터는 더욱 쉽게 그의 해석이 효과를 볼 수 있다. 그는 내가 재정적인 염려가 있다는 것을 안다. 그리고 몇 년 동안 그것을 알고 있었다.

나는 그에게 말했다. 이제 그는 기다리고 있고, 이것이 나를 위축시키는 것을 지켜보고 있다. 심지어 그가 나를 활용할 수 있고 그의 방법이 지혜와 진지함의 방법이었다는 더 나은 증거를 갖을 수 있도록 내가 그의 팔에 안기기를 기다리고 있다. -*JP* VI 6795 (*Pap*. X^4 A 511) *n.d.*, 1851

게다가, 나는 다음과 같이 관찰한 것을 기억한다.

(1) 내가 완전히 경제적 걱정으로부터 자유롭게 되었다면, 나는 나 자신에 대하여 확신을 갖게 될 것이고 뮌스터와 충돌을 회피하는 것이 나를 아끼는 것이 아니라는 것을 확실히 알게 되었을 것이다. 그러나 내가 유한한 걱정이 있을 때, 이런 점에서 뮌스터는 사실 나에게 도움이 될 수 있다. 그때 나는 충돌을 피하기 위해 아마도 나 자신을 아낀 것은 아닌지 자신을 의심해야만 했을 것이다.

(2) 나는 유한한 방법으로 뮌스터가 실제로 나를 돕게 하는 것을 회피한다. 왜냐하면 내 의견에, 그는 지상적인 유익을 확보하는 것이 완전히 옳다고 볼 만큼 너무 세속주의에 물들어 있다.

(3) 뮌스터가 살아 있는 동안, 내가 일을 내버려 두고 가장 최근에 쓴 것도 출판하지 않았다면, 후에 나에게 어떤 반대를 형성할 수 있는 사람은 거의 없을 것이다. 그러나 나는 뮌스터가 살아 있는 동안 그것을 출판했다면, 실행될 수 있는 검사inspection가 가능하도록 회피하지 않을 것이다. *-JP* VI 6796 (*Pap*. X⁴ A 512) *n.d.*, 1851

국교화된 기독교 세계 The Established Christendom

뮌스터와 폴리Paulli와 같은 종류의 설교가 있을 때, 가능하다면, 이런 설교는 17만 년 동안 동일하게 동일함으로 진행될 수 있다. 그리고 그들은 기독교적인 삶에서 단 한 걸음도 앞으로 전진하지 않을 것이다. 반대로 그들에게서 그것은 퇴보할 것이다. 문을 다는 것은 한 가지이다. 자물쇠를 채워넣는 것은 상당히 다른 것이다.

그러나 이런 종류의 설교는 본보기에 자물쇠를 채워넣는다. 국교화된 기독교 세계는 색바램이다. 그러므로 그것이 실제로 기독교가 아니라는 것은 공식적으로 인정되어야 한다. 진정한 기독교와 국교회와의 관계가 적당한 관점으로 서술된다면, 거기에는 가능성이 있다.

그러나 '국교화된 기독교 세계'가 진정한 기독교가 되어야 한다면, 그때 자물쇠는 기독교에 채워졌다. 그것은 17만 년이 지나도 정확히 동일하게 남는다. 일주일에 한 번 정도 조용한 시간에 있는 작은 서정시일 뿐. 그러나 거기에는 어떤 돌파구도 없음에 틀림이 없다. 그것은 현실성의 지점(행위에서, 자기포기에서)에 이르지 못하는 것이 틀림 없다. 그러나 충분한 시간이 지나면 일주일에 한 번 있었던 서정시는 대응하는 세속주의의 일주일과 일주일을 비교할 때, 영향력은 점점 더 약화될 것이다. *-JP* VI 6802 (*Pap*. X⁴ A 554) *n.d.*, 1851

역자의 해제
키에르케고어의 생애와 사상

Søren Kierkegaard

부록 1

역자의 해제

키에르케고어의 글은 일반적으로 난해하고 복잡하다. 저자에 대해 관심이 있어서 책을 읽은 독자라면 이를 이해할 수 있을 것이다. 그가 쓴 가명의 저작인 사상집들은, 철학적인 배경이 없다면 독해의 어려움은 말할 것도 없거니와, 그가 남긴 강화집은 사상집들보다낫더라도 독해의 어려움은 마찬가지이다. 그의 독특한 글쓰기 스타일 때문이다.

키에르케고어는 모범 답안을 제공하기 위해 글을 쓰지 않는다. 그는 끊임없이 독자로 하여금 생각하도록 이끈다. 결론은 독자의 몫이다. 그는 아마 객관적인 지식이 사람을 변화시키지 못한다고 생각했기 때문일 것이다.[84]

또한, 지식은 아담이 지식의 나무를 탐한 결과이다. 지식은 자신과

---

84 Søren Kierkegaard, *For Self-Examination/Judge For Yourself*, pp. 38-40.

함께 의심을 데리고 왔다. 의심은 인간의 마음을 둘러쌌다. 뿐만 아니라 의심은 이런저런 방식으로 설명을 제공한다.[85] 더 나아가 객관적인 지식은 괴물이 될 수도 있다. 그러므로 의심에 이성을 부과하는 것은 제거하기 원하는 굶주린 괴물에게 달콤한 음식을 주는 것과 같다.[86]

그에 의하면, 아는 것과 행하는 것은 무한한 차이가 있음에도, 기독교는 마치 많이 아는 것을 많이 행한 것처럼 바꾸어 놓았다.[87] 여기에 어떤 두려움과 떨림도 없다. 이것은 어마어마한 변질이요, 타락이다. 바로 이 부분이 정확히 기독교가 술에 취한 지점이다.

그래서 이 책의 1부는 기독교 세계에 산다는 것은 결국 술 취해 살아가는 것이라는 충격적인 공격으로 시작한다.[88] 키에르케고어는 술 취한 세계, 그 당시에 국교회가 되어버린 세계를 향해 기도한다.

"성령님이여, 무엇보다 우리로 하여금 술 깨게 하소서."[89]

그러나 세상이 성령이 충만한 사람들을 보고 새술에 취했다고 말하듯이, 기독교 세계는 진정으로 술 깬 사람이 있다면 술에 취했다고 정죄한다. 정죄하고 판단하는 주체가 술에 취한 기독교 세계가 되어버렸다. 그러므로 성령에 취한 사도 베드로가 술 취한 세상에 술 깨라

---

85 Søren Kierkegaard, *Eighteen Upbuilding Discourses* tr. Howard V. Hong and Edna H. Hong (Princeton: Princeton University Press, 1990), p. 127.

86 Søren Kierkegaard, *For Self-Examination/Judge For Yourself*, p. 68

87 49-62쪽.

88 16쪽. 세속주의은 세속화된 기독교 세계를 의미한다. 그 당시에 덴마크는 기독교 국가였다는 것을 주지하기 바란다.

89 15쪽.

고 말하듯이, 적어도 기독교 세계는 술 취한 상태에 있다는 각성이 필요하다.

그렇다면 정확히 무엇이 술 깨는 것인가? 술 깨기 위해 무엇보다 중요한 것은 "하나님 앞에" 서는 것이다. 하나님 앞에서 완전히 무가 되어 자기자신을 아는 지식에 이른다면 정신 차릴 수 있고 술 깰 수 있다.[90] 하나님 개념이 없는 한 술 깰 수 없다.

그러나 키에르케고어에 의하면, 세속적인 기독교 세계는 하나님 앞에 서서 완전히 자기지식에 이른 사람을 오히려 술 취했다고 선포한다는 것이다. 술에 취한 사람은 어지럼증이 생겨 비틀거리듯이, 하나님 앞에서 자기자신을 돌아보게 되면 현기증이 생긴다. 그러나 배에서 파도를 응시하는 사람이, 혹은 높은 곳에서 저 깊은 아래를 응시하고 있는 사람이, 혹은 낮은 곳에서 아무것도 눈을 제한하지 않는 무한한 공간을 응시하는 사람이, 하나님과 관계하고 있는 사람이 느끼는 것처럼 현기증을 느끼게 될 것인지는 의문이다.[91]

이것이 기독교 세계가 하나님 앞에서 자기지식에 이른 사람을 술 취했다고 정죄한 이유이다. 그러나 진정한 기독교의 관점에 의하면, 이것은 정반대이다. 명확히 이것은 술 깨기 위한 방법이다.

기독교 세계는 술 깬 상태를 반대로 생각하기에 그들은 객관적인

---

90   34쪽.
91   34쪽.

지식에 매달린다. 객관적인 지식은 더욱 현명하고 명석하고 똑똑하게
한다. 그래서 많은 지식에 이르게 한다. 그러나 기독교 세계는 점점
더 멀리 가서 자기지식에 이르지 못한다. 그들은 말씀을 분석하고 해
박한 지식을 소유하지만 정작 자기자신에게 적용시키지 않는다.

왜냐하면 말씀을 적용시켜, 심지어 하나님 앞에 선다는 것은 두렵
고 떨리는 일이요, 현기증을 일으키는 무시무시한 행위이기 때문이
다. 이런 식으로 기독교 세계에서는 아는 것과 행하는 것이 점점 더
이질적인 것이 되어 버리지만, 아는 것은 곧 행하는 것이라는 착각 속
에 살아간다.

그래서 설교자는 행하는 자가 되는 대신 배우가 된다. 배우가 명성
을 얻으려면 무대에서 철저하게 자신을 속이면 된다. 그는 무대에서
자기가 아닌, 완전히 다른 존재로 설 때, 그리고 더욱 그런 기교가 완
벽해질수록 명성을 얻게 된다. 무대에서 연기하는 모습을 보는 관객
은 그가 누구인지 알 수 없다. 그는 자신을 숨기고 연기하기 때문이
다. 마치 배우처럼, 설교자는 배우가 되어 말씀을 선포하고 말씀이 의
미하는 바를 정확히 전달한다.

회중은 모두가 동감하며 열광한다. 무대 위에서 연기했던 배우를
보고 열광하듯이, 설교자를 보고 열광한다.[92] 회중이나 설교자나 매
한 가지이다. 그들은, 철저하게 하나님 앞에서 자기자신이 되어야 하

---

92 Søren Kierkegaard, 『그리스도교 훈련』 임춘갑 역 (다산글방, 2005), 367쪽.

는 과제를 망각하고 아는 지식을 향유하고 즐긴다. 그러나 행하지는 않는다. 진정한 기독교적 관점에 의하면, 정확히 술이 깬 사람은 아는 것과 행하는 것이 하나가 된 사람이다.[93] 우리가 아는 것을 행하기 위해서는 기독교가 요구하는 것이 무엇인지 정확히 알아야 한다.

2부는 기독교의 요구조건에 대하여 이야기하고 있다.

키에르케고어에 의하면, 산상수훈의 말씀은 인간이 지킬 수 있는 윤리가 아니다. 이것은 하나님 나라의 윤리이다. 한마디로, 하나님 나라의 윤리는 실천 불가능하다. 무엇보다 그는 한 사람이 두 주인을 섬길 수 없다는 말씀에 집중한다.

이 세상에서 오직 한 주인만을 섬긴 예가 있는지 살펴본다. 그러나 누구도 한 주인을 섬긴 예는 없었다.

복음은 엄밀하다. 심지어 율법보다 더 엄밀하다. 율법은 살인한 자가 죄인이라고 말하지만 복음은 마음으로 사람을 미워하면 이미 살인자라고 부른다.

이런 엄밀한 행동의 요구조건을 가진 복음이 어찌 좋은 소식이란 말인가! 정확히 이 지점이 인간의 이해, 인간의 지식이 실족하는 곳이다. 그래서 인간의 이해는 웃고 있는 잔인함에 머무느니 차라리 율법

---

93 49쪽.

에 머무는 편이 낫다고 말한다.[94]

바로 여기에서 인간의 이해는 복음의 요구조건을 인간이 지킬 수 있는 범주로 바꿔야 한다고 생각한다. 바로 이것이 술 취한 기독교 세계의 생각이다. 따라서 기독교 세계는 기류, 바람, 강우, 조류와 같은 상황을 잘 설명하는 자연 과학이 많은 분별성을 지니고 있듯이, 인간 본성에 대하여, 복음의 요구조건에 대하여 많은 분별성을 지니기 바란다.

그러나 분별성이 증가함에 따라, 우리가 마땅히 해야만 하는 것, 하나님의 요구조건에 대하여는 점점 더 적게 들려진다. 그러더니 이제 그것은 저 시골에서 올라온 하나님의 말씀처럼 맛이 없고 완전히 김이 빠져버렸다.[95] 지금까지 세상을 야단치기 위해 기독교를 악용했다면, 이제 그 관계가 역전되어 기독교 세계의 분별이 기독교를 야단치고 싶어 하며 목사들을 야단치고 싶어 한다. 그래서 목사들이 잘 견디어 배우와 웅변가로 변신할 수 있도록 개조시킨다. 그러나 그렇게 야단맞을 목사들이 많지도 않다. 이미 그들은 너무 쉽게 유혹을 받았기 때문이다.[96]

키에르케고어에 의하면, 복음의 수정은 기독교의 변질의 주 원인이다. 복음의 요구조건은 수정되지 말아야 한다. 그것은 일종의 실천

---

94 100쪽.
95 111쪽.
96 111-112쪽.

불가능한 그릇에 담겨 있어야 한다.

　이 조건을 털끝 하나라도 건드리는 자가 있다면 그것은 타락이다.(마 5:18) 무시무시한 요구조건이다. 인간이 갈 수 없는 길을 요구하는 복음! 이는 정말로 이해의 실족이다.

　인간의 이해에 의하면, 그냥 율법의 엄밀함에 있는 것이 더 낫다. 그렇다면 도대체 복음이 왜 좋은 소식이란 말인가? 누구도 복음의 요구조건을 만족시킬 수 없다면, 그렇기 때문에 인간은 예수 그리스도가 필요하고 속죄가 필요하다. 이것이 좋은 소식이다. 복음의 요구조건이 누구도 지킬 수 없는 것이 아니라면, 속죄가 필요 없다.

　결국 "한 사람이 두 주인을 섬길 수 없다"는 말씀은 좋은 소식이 아니다. 이런 식으로 복음은 모든 사람을 고발하고 있다. 복음은 모든 사람을 맹렬히 고발하고 같은 순간에 사람들을 불러 무조건적으로 하나님께서 모든 사람을 구원하기 원하신다고 말한다.[97] 우리는 모두 모범이신 예수 그리스도가 필요할 뿐이다.

　오직 한 주인을 섬긴 분이 계신데, 그분이 예수 그리스도이시다. 그분은 오직 한 주인을 섬긴 모범이 되시기 위해, 가족도 없이, 부모도 없이, 조국도 없이, 족보도 없이 말구유에 오셨다. 경주에 출전하는 자가 이를 위해 옷을 입는 것처럼, 싸움에 나가는 자가 이를 위해 무장하는 것처럼, 마찬가지로 그분의 삶은 처음부터 오직 한 주인을 섬기

97　101쪽.

는 것이 가능하기 위해 계획되었다. 한마디로, 그분의 전 생애는 한 주인만을 섬긴 모범이 되기 위한 분투였다.

이제, 먼저 삶의 본을 보이며 그분이 가셨음으로 우리는 그분을 본받아 그분의 길을 가야 한다. 그러나 인간의 이해는 도저히 이 길을 갈 수 없다. 이 길은 고난이 예상된다. 인간의 이해는 그분이 가신 길을 볼 때마다, 수심에 잠기고 절망하게 된다. 왜냐하면 이해는 그 길을 갈 수 없기 때문이다. 복음의 요구조건은 너무나 크다. 그래서 술취한 기독교 세계는 교묘하게 본받음을 폐지시켜 버린다. 변화와 변조가 없다면, 어떻게 이 길을 갈 수 있겠는가? 그러나 복음은 일점일획도 바뀌어서는 안 된다. 이 행위 앞에 진지하게 선 사람, 그래서 이 행위 앞에서 두려워하며 떠는 사람, 이 사람에게는 새로운 세계가 열린다.

율법보다 엄밀한 복음의 요구조건이 엄격함의 교사라면, 모범이신 예수 그리스도께서 엄격함의 교사라면, 이것이 엄밀함으로써 하나님 나라의 윤리일 것이다. 그러나 이 윤리는 불변이다. 누구도 손을 댈 수 없다. 뿐만 아니라, 모범이신 예수 그리스도를 바라보는 그 순간, 인간은 실족한다. 슬픔에 잠기고 결국 절망하고 만다. 인간에게 너무나 높은 수준이기 때문이며, 그래서 인간의 이해는 이를 과장이라고 여긴다.

그러나 이 행위 앞에 선 사람, 이 행위 앞에서 두려워하며 떠는 사람에게, 그리스도께서는 "나를 보라. 나처럼 살아라." 말씀하지 않으

신다. 정확히 복음의 본문은 "한 사람이 두 주인을 섬길 수 없다"고 말
하면서, 예수 그리스도를 보는 대신에 들의 백합과 공중의 새를 보라
고 말한다.[98] 여기에서 엄청난 대 전환점이 있다. 엄밀함의 윤리학, 명
령법의 윤리학인 하나님 나라의 윤리는 농담이 되어 버린다. 두려운
행위 앞에 선 사람에게 새와 백합을 보라니!

키에르케고어 사상에서 농담은 중요한 개념 중에 하나이다. 농담
은 그가 사용하는 가장 통쾌한 단어이다. 농담에 진리가 숨겨져 있지
만, 이 농담 앞에 진지해지지 않는 사람은 진리를 볼 수 없다. 따라서
새와 백합을 보라는 말씀은 어떤 말씀보다 진지하게 남는다.[99] 단지,
인생을 가볍게 산 사람, 한 번도 복음의 행위 앞에서 서 본 일이 없는
사람만이 이 말씀을 가볍게 지나치고 진리를 볼 수 없다.

그러므로 복음의 진리를 만나기 위해서는 이 말씀 앞에 서는 진지
함[100]이 필요하다. 『결론의 비학문적 후서』의 가명의 저자인 안티클리
마쿠스에 의하면, "종교적 삶의 최고의 진지함은 농담에 의해 구별 가
능하다."[101] 『사랑의 역사』 역시 하나님 나라의 윤리를 발전시킨 대표
적인 그의 저서이다. 물론, 여기에는 농담이라는 단어가 등장하지 않
지만, 급진적 선물, 그리고 선물이 표현하고 있는 사랑의 역사를 통해

---

98 148쪽.

99 키에르케고어만큼 들의 백합과 공중의 새로 많은 설교(강화)를 한 사람도 없을 것이다.

100 키에르케고어에게서, 인간의 실존을 이해하기 위해서는 진지함(earnestness)이 필요하다. 자신의 삶과
      말씀에 진지하지 않은 사람은 아직 가볍고 경솔한 사람이다.

101 Postscript, *KW* XII (*SV* VII 223; 또한 402를 보라).

현존한다.[102] 그리고 키에르케고어는 『스스로 판단하라』에서 다시 농담을 선물에 대응하는 표현적 행위로 강조한다.

훌륭하고 정직하고 하나님을 두려워하는 일꾼, 그는 훨씬 더욱 근면하게 된다. 그래서 그는 더욱 더 하나님이 협력자라는 것을 이해하게 될 것이다. 얼마나 은혜로운 농담spøg인가! 얼마나 진지한가! 그가 하나님의 형상대로 창조되었을지라도, 머리를 들고 하늘을 향하여 새Fugl를 본다. 이 익살꾼jester, Spøgefugl에게서 그는 씨를 뿌리고 추수하고 창고에 모아들이는 분이 하나님이라는 진지함을 배운다. 그러나 그는 나태에 빠지지 않는다. 그는 즉각적으로 자신의 일을 시작하고 그 일을 돌본다. 그렇게 하지 않았다면, 심고 거두고 창고에 모아들인 분이 하나님이라는 것을 보지 못하게 됐을 것이다.

당신, 들의 백합이여, 당신, 공중의 새여! 우리가 얼마나 당신에게 빚을 지고 있는가! 가장 축복된 시간의 일부이다. 복음이 당신을 모범과 교사로 임명했을 때, 율법은 폐지되었고 농담이 하나님의 나라에서 그 자리를 맡게 되었다. 이리하여 우리는 더 이상 엄격한 규율가 아래 있지 않고(갈 3:25) 복음 아래에 있게 된다: "들의 백합을 생각하라. 공중의 새를 보라!"[103]

---

102 『사랑의 역사』의 결론. Works of Love, *KW* XVI(*SV* IX 355-56).

103 162-163쪽. 같은 기간(1851)에 있었던 일기장(*JP* I 1993; *Pap*. X³ A 734)은 이런 형태의 변화에 대한 패러프레이즈이다. 동기를 부여하려는 순간에 하나님 나라의 윤리, 명령법적 윤리는 급진적 선물을 통한 감사의 은혜로운 직설법적 윤리로 바뀐다. 그의 일기는 다음과 같다: 기독교적으로 볼 때, 강조점은 사람이 얼마나 요구조건을 충족시켰는지, 얼마나 요구조건을 완성했는지에 있지 않다. 그가 실제로 분투

그리스도를 따르는 문제, 본받음의 문제는 "나를 보라"고 한 것이 아니라, "백합을 생각하라. 새를 보라!"고 함으로써 우리를 돕는다.[104] 키에르케고어에게 있어서, 새와 백합은 그리스도께서 임명한 위대한 선생이다. 인간이 들의 백합화와 공중의 새처럼만 살 수 있다면, 그러고도 그가 사람이라면 그는 그리스도인이다.[105] 뿐만 아니라 새와 백합화처럼 사신 분이 그리스도이시다.

그러므로 우리에게는 모범이신 그리스도뿐만 아니라 모범으로 새와 백합도 있다. 우리가 새와 백합처럼 살면서 하나님을 생각할 수만 있다면 이것이 경건이다. 그럼에도 아직 기독교의 결정적인 특징이 나타나지는 않았다. 그리스도를 따르기 때문에 고난당하는 것, 이것이 진정한 본받음이다.[106]

기독교 세계는 이런 본받음을 완전히 망각했다. 기독교 세계는 기독교가 완전히 세상을 정복했고 더 이상 진리를 위해 고난당하는 일, 그리스도를 따르기 때문에 고난당하는 일은 없다고 말한다. 다시 말해, 핍박받았던 시대는 지나갔기에 오늘날에는 더 이상 진리를 위해

하고 있다면, 완전히 무한 가운데 있는 이 요구조건에 대한 느낌을 받자마자, 그는 겸손해지게 되는 법을, 은혜에 의지하게 되는 법을 올바르게 배우기 때문이다. 요구조건을 더 잘 수행하기 위해 그 조건을 줄이는 것(이것이 마치 진지함인 것처럼, 이제 그것은 사람이 요구조건을 충족시키기 원하는 데에 진지하게 되었다는 것을 더욱 쉽게 보이게 할 수 있다.), 가장 깊이 있는 본질에서 기독교는 이것을 반대한다. 맞다. 무한한 굴욕과 은혜, 그리고 그때 은혜로 태어난 분투, 이것이 기독교이다.

104 163쪽.
105 Søren Kierkegaard, 『이방인의 염려』 표재명 역 (프리칭 아카데미, 2005), 9.
106 164쪽.

고난당하는 일은 있을 수 없다는 것이다.

주일에 아무리 많은 설교가 있지만, 그리스도의 길을 따르라는 본받음의 설교는 점점 줄어든다. 본받음의 설교를 듣는 것조차 싫어한다. 그래서 아주 싼 값에 유통될 수밖에 없는 복음이 탄생하게 된다. 그리스도인이 되기 원하면서 그분을 본받는 위치에 가기는 극도로 싫어한다. 이것은 그리스도인이 되기는 원하지만 기독교와는 아무런 관계가 없기를 바라는 정반대의 결과를 낳는다. 이것은 잘못된 관대함이다. 기독교는 이런 잘못된 관대함으로 인해 더욱 병들었고 역겨워져 아주 구역질나게 되었다.[107]

이제 기독교 세계에서 말씀 앞에 서는 진지함, 본받음 앞에 서는 진지함은 완전히 사라지고 학문적 진지함만 남는다. 본받음을 강조하는 것은 과장일 뿐이고 모든 행위와 관계할 때, 모든 것은 결정 나기 전까지 기다려야 한다.

아직 성서의 의미가 명확하지 않기 때문에 더 명확한 의미가 무엇인지 객관적으로 분석해야 한다. 성서의 전문가라고 말할 수 있는 신학대학 교수들이 어떤 결과를 가져올지 기다려야 한다. 객관적인 가르침은 완전히 교수와 부합하는 바, 기독교 세계는 의심의 도움으로 의심의 간계에 빠져 승리의 놀이를 한다. 모든 행위는 중단된 상태에 있다. 오직 이 매듭을 풀 수 있는 것은 본받음 밖에 없다.

---

107 166쪽.

교수는 어떤 것도 고정할 수가 없다. 교수의 연구는 무엇인가 항상 부족하다. "당신은 저울에 달렸고 부족함이 발견되었다"는 글씨가 벽에 쓰였을 때 벨사살 왕의 얼굴이 창백해진 것처럼, 교수의 얼굴도 본받음 앞에서 창백해진다. "수도원"이 탈선할 때 믿음이 소개되어야 한다면, "교수"가 탈선할 때 본받음이 소개되어야 한다.[108]

기독교 세계는 본받음을 과장이라고 여기고 본받음을 폐지함으로써 잘못된 관대함을 만들었다. 그들은 그리스도인이 되기를 원하지만 그분의 길을 따르는 제자가 되기를 원하지 않는다. 그러나 기독교의 관대함은 판이하게 다르다. 율법보다 더 엄밀한 기독교의 요구조건이 어떤 방식으로 관대함으로 바뀌는가? 키에르케고어는 "당신은 모범일 뿐만 아니라 구속자이십니다. 결국 구속자이면서 모범이기도 합니다."라고 기도한다.[109]

이 순서가 중요한 것처럼 보인다. 그리스도는 먼저 모범이 되신다. 그리고 그리스도인은 이 모범을 따라 분투해야 한다. 이때, 의심은 침묵하게 되고 본받음의 흔적을 지닌 사람만이 의심을 향해 진군할 수 있다. 결정적 행동으로 적어도 자신이 그리스도인이 될 수 있는지 의심하는 지점에까지 간 사람에게 정말로 복음은 관대하다.[110] 이것은 그리스도인에게 유일하게 허락된 의심이다. 즉, 잘못된 의심은 자신을

---

108 181-182쪽.
109 97쪽.
110 182쪽.

제외한 모든 것을 의심하는 반면, 구원하는 의심은 믿음의 도움으로 오직 자기자신만을 의심한다.[111]

본받음의 흔적을 지니지 않은 사람들은 입을 다물고 있어야 하며 기독교에 대하여 말하는 데에 참여할 만한 권리도 없고 반대할 권리도 없다. 따돌림을 당하는 자는 "교수"뿐이다. 진지함의 개념을 바꾸어 본받음의 진지함을 학문적 진지함으로 돌려놓은 자, 그는 용서받을 수 없다.[112]

그러나 복음은 그리스도를 본받기 위해 분투했지만 그분을 따르지 못했기 때문에 진실하게 고백하고 나오는 자들에게 관대하다. 그들이 아무리 그리스도를 본받는 자라고 일컫기에는 너무 멀리 떨어져 있었어도 그들은 부드럽게 다루어진다. 그때 모범이신 그리스도께서는 이 사람들에게 구속자가 되시기 때문이다.

우리는 어쩌면 그동안 행위와 공로 그리고 믿음과 은혜의 관계를 오해했는지도 모른다. 이 관계를 더욱 구체적으로 논의하고 있는 작품이 있다면, 1편 『자기시험을 위하여 For Self-Examination』일 것이다. 인간의 이해는 행위가 있는 곳에서 공로를 주장한다. 그러나 공로는 위험한 것이다. 우리는 오직 믿음으로 말미암는 그리스도의 은혜로만 구원을 얻기 때문이다. 중세보다 더 끔찍한 타락, 더 끔찍한 변질이

111   Søren Kierkegaard, *Spiritual Writings* tr. George Pattison (HarperCollins, 2010), p. 37.

112   Søren Kierkegaard, *For Self-Examination/ Judge For Yourself*, p. 34.

란, 중세는 행위를 버리지는 않았으나 중세 이후 기독교 세계는 공로를 버리기 위해 공로와 함께 행위를 버렸다는 점이다.[113] 이것은 마치 아기를 목욕시키고 목욕물과 함께 아기를 버리는 꼴이 되고 만다. 키에르케고어는 행위를 간직해야만 한다고 말한다. 아마 그만큼 야고보서를 많이 인용하고 야고보서를 좋아한 사람도 보기 드물 것이다.

행위를 버리지 않고 간직한다면, 행위와 은혜와의 관계를 어떻게 맺는가는 중요한 과제이다. 믿음의 행위는 확실히 복음의 요구조건과 밀접한 관계가 있다. 우리가 믿음의 행위를 감행한다고 말할 때는 복음의 요구조건을 실행하는 것이다.

그러나 지금까지 살폈다시피, 복음의 요구조건은 어떤 사람도 실행하기 힘든 실천사항을 담고 있다. 만약 누구라도 용감하게 복음의 요구조건을 실행하기를 감행한다면, 그는 그 무게에 의해 붕괴되고 만다. 인간은 무조건적인 요구조건과 관계할 때, 완전히 쇠약해질 수밖에 없다. 자연의 힘이 인간의 모든 노력을 조롱하고 가장 유치한 장난으로 만들어 버리듯이, 무조건적인 복음의 요구조건도 인간의 모든 노력을 무조건적으로 조롱하는 것은 매한가지이다.[114] 이는 그가 믿음의 행위와 관련해서 잘못된 위치에 있었기 때문일 것이다.

---

113 Ibid., 16. 키에르케고어에 의하면, 루터는 행위를 버리지는 않았으나 야고보서를 지푸라기 서신이라고 무시했던 루터의 말을 기독교 세계가 들었고 그 이후에 타락한 기독교 세계는 교활하게 행위와 함께 공로를 버렸다는 것이다.

114 102쪽.

그렇다면, 올바른 위치란 무엇일까? 그가 복음의 요구조건을 스스로 들어 올리려 하면 안 된다. 그것은 자신을 그 무게로 뭉개는 결과를 낳을 뿐이다. 그는 오히려 그 무게에 의해 들려져야 한다. 바로 이것이 겸손의 압력이다. 이것은 복음의 요구조건으로부터 오는 압력이 아니다. 이것은 복음의 요구조건을 실천하려 했던 자가 느끼는 일종의 굴욕이다.

그러므로 그는 들어 올림을 당해야 한다. 그때 그는 새만큼이나 가벼워진다. 누가 더 많이 자신을 높이 들어 올릴까? 자신의 선한 행위일까 혹은 하나님의 은혜에 대한 생각일까? 사람이 가장 축복을 받아 현기증을 느낄 때, 그의 최선의 행위가 하나님 앞에서 비천한 무엇으로 바뀌고 은혜가 더욱 커졌을 때, 그는 가장 높이 들어 올려지게 된다.[115]

키에르케고어에 의하면, 스스로를 높이기 위해 시도한 사람은 세상에서 많은 명성과 성공과 부를 누릴 수 있다. 그의 이름은 아마 이 세상에서 가장 높은 곳에 기록될 수도 있을 것이다. 호랑이는 죽어서 가죽을 남기고 사람은 죽어서 이름을 남긴다는 속담이 있지만, 예수 그리스도를 따르는 사람들은 그런 세상의 가치들을 누리기 위해, 이름을 남기기 위해 싸우지 않는다. 거기에는 차별이 있고 그런 모든 노력들이 그렇게 높은 곳까지 안내하는 것도 아니기 때문이다.

---

115   104쪽.

그리스도는 그분을 본받는 자들, 그분을 따르는 자들에게 "내가 장소를 마련하러 간다. 내가 가서 너희를 위해 장소를 마련한 뒤에, 다시 와서 너희를 데려가, 내가 있는 곳에 너희도 있게 할 것"(요 14:2-3)이라고 약속하셨다. 그리고 예수 그리스도는 하늘과 땅 위, 땅 아래에 있는 모든 만물이 그분 앞에 무릎을 꿇게 하시고 가장 높은 곳에 오르신 분이시다.(빌 2:9-10)

겸손의 왕이신 예수 그리스도처럼, 자신의 모든 노력을 다하라. 그리고 복음의 무조건적인 요구조건과 비교할 때, 자신의 모든 행위를 무nothing로 만들라. 철저히 겸손해라. 그러면 가장 높은 곳까지 들어 올려지게 될 것이다.[116] 바로. 이것이 인간의 행위가 은혜와 관계하는 방식이다. 또한, 이것이 은혜 안에서 안식을 얻는 방식이기도 하다. 인간은 선한 행위로도 예배할 수 없고, 악행으로는 더욱 예배할 수 없다.

올바른 예배는 다음과 같다. 힘을 다해 분투하라. 밤낮을 가리지 않고 몸부림을 치라. 인간적으로 말해서, 사람들이 선한 행위라고 부르는 것을 축적하라. 그리고 하나님 앞에서 깊이 겸손한 자가 되어 그 모든 것들이 보잘것없는 것으로 바뀌는 것을 본다면, 바로 이것이 하나님에 대한 예배이다.[117]

---

116 Søren Kierkegaard, *Upbuilding Discourses in Various Spirits* tr. Howard V. Hong and Edna H. Hong (Princeton: Princeton University Press, 1993), pp. 226-28.

117 105쪽.

아마도 책 전체의 내용을 요약하자면 이와 같을 것이다. 이 해제는 책 전반의 내용을 번역자의 이해에 맞게 재구성한 것이다. 이 글에 대한 독해와 해석은 독자의 몫이다. 새로 알게 된 부분이 있다면, 즉시 실천하기를 바라고 이 글은 버리기를 축복한다. 이 글은 진리에 오르는 사다리 같은 도구이기 때문이다. 사다리를 오른 사람은 사다리가 필요없듯이, 이 글이 그렇게 되기를 바라고 쓴 것이다.[118]

---

118 임병덕, "키에르케고어와 비트켄슈타인: 심성함양의 방법적 원리," 『도덕교육연구』, 20집 (2009): 37. 가명의 저자 클리마쿠스라는 이름이 사다리라는 뜻이고 "올라간 다음에는 버려야 할 사다리"를 암시한다.

부록 2

키에르케고어의
생애와 사상

• 이름과 독음

쇠렌 키에르케고어, 쇠얀 키에르케고어 등 많은 이름으로 불린다.
한국 키에르케고어 학회에서는 후자를 발음상의 이유로 적극 추천하
나, 사실 전자가 더욱 널리 쓰이는 편이다. 참고로 한국 키에르케고어
협회는 2011년에 세워졌다. 게다가 한글과 컴퓨터 프로그램에 적용하
면 키에르케고어도, 키에르케고어 모두 옳지 않다. Søren Kierkegaard
의 덴마크어 독음은 '쇠안 키아거고'라고 할 수 있다. 이 책은 한국 키
에르케고어 학회의 추천에 따라 '쇠얀 키에르케고어'로 표기하였다.

• 아버지의 우울과 죄의식

키에르케고어의 아버지는 지극히 신앙적인 사람이었으나, 어린 시
절 목동이었을 때 산 위에 올라가 주님을 모욕한 것에 대한 죄책감과
후처와의 부적절한 관계의 영향, 태생적인 우울이 뒤섞여 있었고, 이

그는 자신을 '끔찍한 고뇌 속에서 사람들에게
도움이 되는 것을 찾아야 하는 인간'이라고 표현했다.

는 키에르케고어의 가정 분위기를 지나치게 엄격하고 조용하게 만들었다. 따라서 쇠얀의 성장기에 좋지 않은 영향을 미쳤다고 볼 수 있다. 그의 표현으로 '광기에 가까운 교육'을 받았으며, 그 이유로 '나는 어린 시절이 없었다'라고 고백하곤 했다. 그러한 교육과 집안 분위기는 그는 일찍이 생각이 많은 '애 늙은이'로 만들었는지도 모른다. 7형제 중 5형제가 일찍 세상을 떠났다는 것도 그의 삶에 영향력이 미쳤을 것이다.

● 이것이냐 저것이냐

그는 1840년에 논문 〈아이러니의 개념에 대하여〉로 신학 석사학위를, 1841년에 〈소크라테스에 주안점을 둔 아이러니 개념론〉으로 철학 박사학위를 받았다. 이 와중에 1840년, 열 살 연하의 레기네 울센 Regine Olsen과 약혼했으나 1년여 만에 파혼하고 베를린으로 계속 공부하러 떠난다. 그의 갑작스런 파혼에는 결혼에 대한 환멸, 자신에게 부여된 사명의 무게가 깔려 있었다. 그는 자신을 '끔찍한 고뇌 속에서 사람들에게 도움이 되는 것을 찾아야 하는 인간'이라고 표현했다.

약혼녀와 결별의 고통이 『이것이냐 저것이냐』를 쓰게 한다. 이 책은 2부로 구성되어 있으며, 1부는 청년 A의 탐미적 생활과, 2부는 사회적 책무를 지닌 윤리적인 중년 B가 A에게 보내는 충고 편지글로 구성되어 있다. 이것과 저것을 통합한 것이 진리라고 한 헤겔의 주장에 대하여, 실존의 주체적 진리를 주장하는 것이기도 하다.

그 무렵, 기독교의 진지함과 참된 진리에 어긋나 있는 덴마크 국교

회의 상황을 고발하는 소명의식을 갖게 된 그는 1855년, 소책자와 팜
플릿과 잡지 『순간』을 발간하여 덴마크 국교회를 비판했다. 국교회
비판에 몰두한 나머지 건강을 잃은 그는 결국 1855년, 42세에 거리에
서 쓰려져서 병원에 옮겨졌으나 한 달여가 지나 목사에게 성만찬 받
는 것을 거절하고 삶을 마쳤다.

• 하나님 앞에 단독자

　파혼 후 학문에 몰두하던 시기에 키에르케고어는 자신에게 하나님
께서 특별한 소명을 부여했다고 믿는다. 스스로 '하나님의 스파이'라
고 하면서 진정한 기독교의 정신에 귀를 기울이게 된 것이다. 이 일을
위해 수많은 사람들과 논쟁을 벌여 적대적인 관계가 되고, 공개적인
비웃음을 받아들이면서 사회적인 출세를 포기한다.

　그는 하나님의 스파이로서 하나님과의 진지한 대면에 몰두한다.
그의 물음은 실존하는 주체로서의 나는 하나님과 어떠한 관계를 맺
어야 하는가였다. 결국 하나님 앞에서 우리는 단독자라고 강조한다.
윤리라는 보편적 가치, 대중적 통념 등을 배제한 채 오직 자기자신만
으로 하나님 앞에 설 수 있다는 것.

　키에르케고어의 사상은 인간학과 기독교 신앙의 두 축으로 설명할
수 있다. 그의 문제의식은 참다운 나는 누구인가? 그를 대변하는 명
언은 '하나님 앞에 선 단독자가 진정한 자기'라는 것이다. 삶이란 비객
관적이고 주체적이며 실천적인, 즉 개인이 스스로 자신의 문제를 해

그는 하나님의 스파이로서 하나님과의 진지한 대면에 몰두한다.
그의 물음은 실존하는 주체로서의 나는
하나님과 어떠한 관계를 맺어야 하는가였다.
결국 하나님 앞에서 우리는 단독자라고 강조한다.

결하는 것이라고 주장했다. '인간은 이러이러해야 한다'가 아니라 '지금 이 순간 나는 무엇을 해야 하는가?'가 중요하다는 것이다.

• 하나님과의 관계

하나님 앞에 단독자로 선다는 것은 자기자신이 무엇인지 알고, 자기자신이 된다는 것을 뜻한다. 그는 하나님 앞에서 인간이 자기자신이 되려고 하지 않는 것을 죄라고 부른다. 그러면 어떻게 자기자신이 될까?

그가 볼 때 인간은 무한과 유한, 자유와 필연의 종합이자 둘 사이의 관계이다. 인간은 의식적으로 관계함으로써 비로소 자아를 획득한다. 키에르케고어는 인간이 자기자신이 된다는 것은 단순하게 주어진 과제가 아니라, 자신의 자유에 따라 실현할 수 있는 과제라고 본다.

그는 인간이 하나님과의 잘못된 관계에 놓일 수 있고, 따라서 자신을 상실할 가능성이 있다고 본다. 그것을 그는 '절망'이라고 부르며 『죽음에 이르는 병』에서 기술하고 있다. 지칠 줄 모르고 동시대의 사람들에게 단독자가 되라고 요구한 그는, 기독교의 참모습을 일리는 한편 세속사회에서 안락을 추구하는 성직자들과 루터교회에 대해 비판했다. 참고로 형이 루터교회 주교였다.

• 42세에 죽다

약혼자 레기네 올센은 키에르케고어 삶의 중요한 인물이다. 1837년, 24세의 청년이었던 그가 한 파티에서 16세 소녀 레기네를 만나 사랑에 빠지고 3년 후 1840년에 19세가 된 그녀와 약혼하나 1년 후 1841년에 파혼한다. 아버지로부터 이어지는 태생적 죄책감과 우울, 가정과 결혼 책무에 대한 인식, 그래서 연인 레기네에게 미안한 마음 등등이 파혼의 이유였다.

　　그는 특정한 직업을 가진 적이 없으며, 아버지로부터 상속받은 유산을 전부 저술 활동에 사용하였다. 그가 죽자 남은 재산이 거의 없었으며, 소유하고 있던 몇몇 귀중품은 평생 사랑했던 레기네에게 남겨졌다. 당시 다른 남자와 결혼한 그녀는 덴마크령 서인도제도에서 살고 있었다. 레기네는 1904년까지 살았으며, 죽은 후에 코펜하겐의 뇌레브로 Nørrebro 구역 아씨스텐스 묘지에 묻힌 키에르케고어 근처에 묻혔다.

● 회심과 반전의 시간

　　1813년, 덴마크 코펜하겐의 기독교 가정의 자수성가한 모직물 상인이었던 아버지는 유난히 훈육에 엄격했다. 키에르케고어는 7남매 중 막내였으나 형제자매 중 5명이 키에르케고어가 21세가 되기 전에 죽고, 어머니도 죽었다. 그 역시 35세가 되기 전에 요절하리라 생각했으나 실제로 그보다 더 살다가 42세에 죽었다.

　　아버지에게 기독교 교육을 받던 그는, 18세(1830년)에 코펜하겐대학 신학부에 입학하여 목사가 되기로 하다가, 1835년에 강권적인 아버지에게 깊은 환멸을 느낀 나머지 독자적인 삶을 살고자 결심하고, 부유층 친구들과 어울리며 방탕한 생활을 한다.

Mikael Pedersen Kierkegaard
Søren's Father 1756-1838

Ane Sørensdatter Lund
Søren 's mother 1768-1834

Peter Christian Kierkegaard
Mikael's eldest son 1805-1888

Maren Kierkegaard
1797-1822 sister

Nicoline Kierkegaard
1799-1832 sister

Søren Michael Kierkegaard
1807-1819 brother

Niels Kierkegaard
1809-1833 brother

Petrea Lund 1801-1834
Søren's youngest sister

Søren Aaby Kierkegaard
1813-1855

키에르케고어는 7남매 중 막내였으나 형제자매 중 5명이 키에르케고어가 21세가 되기 전에 죽고, 어머니도 죽었다. 그 역시 35세가 되기 전에 요절하리라 생각했으나 실제로 그보다 더 살다가 42세에 죽었다.

하지만 내면의 권태는 극단적인 선택을 하고 싶은 지경에 이르렀고, 같은 시기에 아버지가 사망하기 전, 소년 시절인 11세 때 목동으로 일하던 아버지는 윷트란드 황무지에서 극심한 가난과 외로움을 원망하며 큰소리로 하나님을 저주했다는 고백을 듣는다. 이후 두 달 가까이 심각한 신앙적 반성이 이루어진 그에게 말로 표현할 수 없는 기쁨이 찾아오고, 이를 일기장에 기록하기 시작했다.

• 일기와 저서

그는 여러 가명과 익명으로 저서를 내놓는다. 1843년의 첫 저서 『이것이냐 저것이냐』 이후에, 1844년의 『불안의 개념』과 『두려움과 떨림』, 1845년의 『인생길의 여러 단계』, 1846년의 『철학적 단편에 붙이는 비문학적 해설문』 등을 출간하였으며, 훗날 원저자가 자신임이 밝혀졌으나 익명을 고수하였다.

이 시기의 저서들은 주로 헤겔을 비판하는 데 초점이 맞추어져 있다. 이후 저서와 관련된 논쟁 속에서 한동안 익명으로 저술하는 것을 포기하지만, 결국 1849년의 『죽음이 이르는 병』이나 1850년의 『기독교의 훈련』을 출판하던 시점에 다시 익명을 사용하였다.

이 무렵의 그는 기독교, 특히 당시 덴마크와 독일의 주류였던 루터 교회의 비판에 집중하였다. 이들 저서들 속에서 키에르케코어는 단독자로서 끊임없이 하나님과 자신과의 관계를 집요하게 탐색했다. 하나님과의 관계에 대한 의식은 그에게 고뇌였으며, 그가 사는 동안 사람들 속으로 묻혀 들어 갈 수 없게끔 했다.

"나의 삶은 다른 사람은 알지 못하고, 이해할 수 없는 끔찍한 고뇌다. 모든 것이 자만과 오만으로 차 있는 것처럼 보이지만 실상은 그렇지 않다. 나는 살 속에 가시를 가지고 살았다. 그처럼 걸리는 무엇이 있었던 것이다. 그렇기 때문에 결혼하지 않았고, 어떤 직장도 가질 수 없었다. 그 대신 예외자로 남았다."

• 재평가되다

그는 세상을 떠나며 '폭탄이 터져 불이 일어날 것'이라고 예언했다. 그의 예언대로 그의 사상은 현대 실존주의 철학과 변증법적 신학에 불을 댕겼다. 이제 그의 사상을 빼고 현대 실존주의 철학과 변증법적 신학은 말할 것도 없고, 이와 직·간접적으로 관련이 있는 현대 철학을 논하는 것은 불가능한 일이 되었다.

늦으막하게나마 생전에 평가받았던 쇼펜하우어와 달리 키에르케고어의 사상은 그가 살아있는 동안 전혀 인정받지 못했다. 그의 사상이 비타협적이고 급진적이기도 했지만, 덴마크어로 저술된 대부분의 글들이 유럽 사회에 알려지기까지 어느 정도 시간이 걸렸다는 것도 뒤늦은 영향력에 한몫했다. 그에 대한 논의는 1890년부터 등장하기 시작했으며, 전집이 출판된 것은 1909년이었다.

그 후 본격적으로 재평가되면서 '세계를 그 이전과 이후로 가르는' 철학자이자 신학자라는 명성을 얻게 된다. 그의 기독교 사상은 20세

키에르케고어의 사상은 그가 살아있는 동안 전혀 인
정받지 못했다. 그의 사상이 비타협적이고 급진적이
기도 했지만, 덴마크어로 저술된 대부분의 글들이 유
럽 사회에 알려지기까지 어느 정도 시간이 걸렸다는
것도 뒤늦은 영향력에 한몫했다.

기 초반의 변증법적 신학에 큰 영향을 미쳤으며, 20세기 이후 실존주의나 기초존재론에 대한 모든 사상은 그의 사상을 기초로 하고 있다.

키에르케고어는 사실상 실존주의의 시조라고 할 수 있는 쇼펜하우어에게 막대한 영향을 받았으며, 만나고자 했으나 이루지 못했다. 쇼펜하우어에 대한 기고문을 쓰기도 했다.

키에르케고어는 헤겔의 관념론과 당시 덴마크 루터교회의 무의미한 형식주의에 반대하였다. 그의 저서 중 다수가 신앙의 본질, 기독교교회의 제도, 기독교 윤리와 신학, 그리고 삶에서 결정을 내려야 할 순간에 개인이 직면하게 되는 감정과 감각 같은 종교적 문제를 다루고 있다. 이 때문에 그는 무신론적 실존주의자인 사르트르나 니체와 달리 '기독교 실존주의자'로 평가되고 있다. (자료정리, 편집부)

키에르케고어의
스스로 판단하라

초판 1쇄 인쇄 | 2017년 1월 13일
초판 1쇄 발행 | 2017년 1월 19일

지은이 | 쇠얀 키에르케고어
옮긴이 | 이창우

발행인 | 강영란
기획편집 | 권지연
디자인 | Papertiger
마케팅 및 경영지원 | 이진호

펴낸곳 | 도서출판 샘솟는기쁨
주소 | 서울시 충무로 3가 59-9 예림빌딩 402호
전화 | 대표 (02)517-2045
　　　편집부 070-8119-3896
팩스 | (02)517-5125(주문)
이메일 | atfeel@hanmail.net

출판등록 | 2012년 6월 18일

ISBN 978-89-98003-53-1(03120)

「이 도서의 국립중앙도서관 출판예정도서목록(CIP)은 서지정보유통지원시스템 홈페이지(http://seoji.nl.go.kr)와
국가자료공동목록시스템(http://www.nl.go.kr/kolisnet)에서 이용하실 수 있습니다.(CIP제어번호: CIP2017001224)」